書名：許氏地理辨正釋義
副題：心一堂術數珍本古籍叢刊・堪輿類
作者：〔民國〕許錦灝

主編、責任編輯：陳劍聰
心一堂術數珍本古籍叢刊編校小組：陳劍聰　素聞　梁松盛　鄒偉才　虛白盧主

出版：心一堂有限公司
出版社地址：香港九龍尖沙咀東麼地道六十三號好時中心LG 六十一
門市：香港九龍尖沙咀東麼地道六十三號好時中心LG 六十一
電話號碼：(852)2781-3722
傳真號碼：(852)2214-8777
網址：http://www.sunyata.cc
電郵：sunyatabook@gmail.com
心一堂術數珍本古籍叢刊網上論壇 http://bbs.sunyata.cc/

版次：二零一零年十二月初版
平裝

港幣　一百六十八元正
定價：人民幣　一百六十八元正
新台幣　六百八十元正

國際書號：ISBN 978-988-8058-49-5

香港及海外發行：利源書報社
地址：香港新界荃灣德士古道220-248號荃灣工業中心1609-1616室
電話號碼：(852)2381-8251
傳真號碼：(852)2397-1519

台灣發行：秀威資訊科技股份有限公司
地址：台灣台北市內湖區瑞光路七十六巷六十五號一樓
電話號碼：(886)2796-3638
傳真號碼：(886)2796-1377
網路書店：www.govbooks.com.tw
經銷：易可數位行銷股份有限公司
地址：新北市新店區中正路542之3號4樓
電話號碼：(886)82191500
傳真號碼：(886)82193383
網址：http://ecorebooks.pixnet.net/blog

中國大陸發行・零售：心一堂書店
深圳地址：中國深圳羅湖立新路六號東門博雅負一層零零八號
電話號碼：(86)0755-82224934
北京地址：中國北京東城區雍和宮大街四十號
心一堂網上書店：http://book.sunyata.cc

心一堂術數古籍珍本叢刊 總序

術數定義

術數，大概可謂以「推算、推演人（個人、群體、國家等）、事、物、自然現象、時間、空間方位等規律及氣數，並或通過種種『方術』，從而達致趨吉避凶或某種特定目的」之知識體系和方法。

術數類別

我國術數的內容類別，歷代不盡相同，例如《漢書・藝文志》中載，漢代術數有六類：天文、曆譜、無行、蓍龜、雜占、形法。至清代《四庫全書》，術數類則有：數學、占候、相宅相墓、占卜、命書、相書、陰陽五行、雜技術等，其他如《後漢書・方術部》、《藝文類聚・方術部》、《太平御覽・方術部》等，對於術數的分類，皆有差異。古代多把天文、曆譜、及部份數學均歸入術數類，而民間流行亦視傳統醫學作為術數的一環；此外，有些術數與宗教中的方術亦往往難以分開。現代學界則常將各種術數歸納為五大類別：命、卜、相、醫、山，通稱「五術」。

本叢刊在《四庫全書》的分類基礎上，將術數分為九大類別：占筮、星命、相術、堪輿、選擇、三式、讖緯、理數（陰陽五行）、雜術。而未收天文、曆譜、算術、宗教方術、醫學。

術數思想與發展——從術到學，乃至合道

我國術數是由上古的占星、卜蓍、形法等術發展下來的。其中卜蓍之術，是歷經夏商周三代而通過「龜卜、蓍筮」得出卜（卦）辭的一種預測（吉凶成敗）術，之後歸納並結集成書，此即現傳之《易經》。經過春秋戰國至秦漢之際，受到當時諸子百家的影響、儒家的推崇，遂有《易傳》等的出現，原本是卜蓍術書的《易經》，被提升及解讀成有包涵「天地之道（理）」之學。因此，《易・繫辭傳》曰：「易與天地準，故能彌綸天地之道。」

漢代以後，易學中的陰陽學說，與五行、九宮、干支、氣運、災變、律曆、卦氣、讖緯、天人感應說等相結合，形成易學中象數系統。而其他原與《易經》本來沒有關係的術數，如占星、形法、選擇，亦漸漸以易理（象數學說）為依歸。《四庫全書・易類小序》云：「術數之興，多在秦漢以後。要其旨，不出乎陰陽五行，生尅制化。實皆《易》之支派，傅以雜說耳。」至此，術數可謂已由「術」發展成「學」。

及至宋代，術數理論與理學中的河圖洛書、太極圖、邵雍先天之學及皇極經世等學說給合，通過術數以演繹理學中「天地中有一太極，萬物中各有一太極」（《朱子語類》）的思想。術數理論不單已發展至十分成熟，而且也從其學理中衍生一些新的方法或理論，如《梅花易數》、《河洛理數》等。

在傳統上，術數功能往往不止於僅僅作為趨吉避凶的方術，及「能彌綸天地之道」的學問，亦有其「修心養性」的功能，「與道合一」（修道）的內涵。《素問・上古天真論》：「上古之人，其知道者，法於陰陽，和於術數。」數之意義，不單是外在的算數、歷數、氣數，而是與理學中同等的「道」、「理」——心性的功能，北宋理氣家邵雍對此多有發揮：「聖人之心，是亦數也」、「萬化萬事生乎心」、「心為太極」。《觀物外篇》：「先天之學，心法也。……蓋天地萬物之理，盡在其中矣，心一而不分，則能應萬物。」反過來說，宋代的術數理論，受到當時理學、佛道及宋易影響，認為心性本質上是等同天地之太極。天地萬物氣數規律，能通過內觀自心而有所感知，即是內心也已具備有術數的推演及預測、感知能力；相傳是邵雍所創之《梅花易數》，便是在這樣的背景下誕生。

《易・文言傳》已有「積善之家，必有餘慶；積不善之家，必有餘殃」之說，至漢代流行的災變說及讖緯說，我國數千年來都認為天災，異常天象（自然現象），皆與一國或一地的施政者失德有關；下至家族、個人之盛衰，也都與一族一人之德行修養有關。因此，我國術數中除了吉凶盛衰理數之外，人心的德行修養，也是趨吉避凶的一個關鍵因素。

術數與宗教、修道

在這種思想之下，我國術數不單只是附屬於巫術或宗教行為的方術，又往往已是一種宗教的修煉手段——通過術數，以知陰陽，乃至合陰陽（道）。「其知道者，法於陰陽，和於術數。」例如，「奇門遁甲」術中，即分為「術奇門」與「法奇門」兩大類。「法奇門」中有大量道教中符籙、手印、存想、內煉的內容，是道教內丹外法的一種重要外法修煉體系。甚至在雷法一系的修煉上，亦大量應用了術數內容。此外，相術、堪輿術中也有修煉望氣色的方法；堪輿家除了選擇陰陽宅之吉凶外，也有道教中選擇適合修道環境（法、財、侶、地中的地）的方法，以至通過堪輿術觀察天地山川陰陽之氣，亦成為領悟陰陽金丹大道的一途。

易學體系以外的術數與的少數民族的術數

我國術數中，也有不用或不全用易理作為其理論依據的，如楊雄的《太玄》、司馬光的《潛虛》。也有一些占卜法、雜術不屬於《易經》系統，不過對後世影響較少而已。

外來宗教及少數民族中也有不少雖受漢文化影響（如陰陽、五行、二十八宿等學說）但仍自成系統的術數，如古代的西夏、突厥、吐魯番等占卜及星占術，藏族中有多種藏傳佛教占卜術、苯教占卜術、擇吉術、推命術、相術等；北方少數民族有薩滿教占卜術；不少少數民族如水族、白族、布朗族、佤族、彝族、苗族等，皆有占雞（卦）草卜、雞蛋卜等術，納西族的占星術、占卜術，彝族畢摩的推命術、占卜術⋯等等，都是屬於《易經》體系以外的術數。相對上，外國傳入的術數以及其理論，對我國術數影響更大。

曆法、推步術與外來術數的影響

我國的術數與曆法的關係非常緊密。早期的術數中，很多是利用星宿或星宿組合的位置（如某星在某州或某宮某度）付予某種吉凶意義，并據之以推演，例如歲星（木星）、月將（某月太陽所躔之宮次）等。不過，由於不同的古代曆法推步的誤差及歲差的問題，若干年後，其術數所用之星辰的位置，已與真實星辰的位置不一樣了；此如歲星（木星），早期的曆法及術數以十二年為一周期（以應地支），與木星真實周期十一點八六年，每幾十年便錯一宮。後來術家又設一「太歲」的假想星體來解決，是歲星運行的相反，週期亦剛好是十二年。而術數中的神煞，很多即是根據太歲的位置而定。又如六壬術中的「月將」，原是立春節氣後太陽躔娵訾之次而稱作「登明亥將」，至宋代，因歲差的關係，要到雨水節氣後太陽才躔娵訾之次，當時沈括提出了修正，但明清時六壬術中「月將」仍然沿用宋代沈括修正的起法沒有再修正。

由於以真實星象周期的推步術是非常繁複，而且古代星象推步術本身亦有不少誤差，大多數術數除依曆書保留了太陽（節氣）、太陰（月相）的簡單宮次計算外，漸漸形成根據干支、日月等的各自起例，以起出其他具有不同含義的眾多假想星象及神煞系統。唐宋以後，我國絕大部份術數都主要沿用這一系統，也出現了不少完全脫離真實星象的術數，如《子平術》、《紫微斗數》、《鐵版神數》等。後來就連一些利用真實星辰位置的術數，如《七政四餘術》及選擇法中的《天星選擇》，也已與假想星象及神煞混合而使用了。

隨着古代外國曆（推步）、術數的傳入，如唐代傳入的印度曆法及術數，元代傳入的回回曆等，其中我國占星術便吸收了印度占星術中羅睺星、計都星等而形成四餘星，又通過阿拉伯占星術而吸收了其中來自希臘、巴比倫占星術的黃道十二宮、四元素學說（地、水、火、風），並與我國傳統的二十八宿、五行說、神煞系統並存而形成《七政四餘術》。此外，一些術數中的北斗星名，不用我國傳統的星名：天樞、天璿、天璣、天權、玉衡、開陽、搖光，而是使用來自印度梵文所譯的：貪狼、巨門、祿存、文曲，廉貞、武曲、破軍等，此明顯是受到唐代從印度傳入的曆法及占星術所影響。如星命術的《紫微斗數》及堪輿術的《撼龍經》等文獻中，其星皆用印度譯名。及至清初《時憲曆》，置潤之法則改用西法「定氣」。清代以後的術數，又作過不少的調整。

術數在古代社會及外國的影響

術數在古代社會中一直扮演着一個非常重要的角色，影響層面不單只是某一階層、某一職業、某一年齡的人，而是上自帝王，下至普通百姓，從出生到死亡，不論是生活上的小事如洗髮、出行等，大事如建房、入伙、出兵等，從個人、家族以至國家，從天文、氣象、地理到人事、軍事，從民俗、學術到宗教，都離不開術數的應用。如古代政府的中欽天監（司天監），除了負責天文、曆法、輿地之外，亦精通其他如星占、選擇、堪輿等術數，除在皇室人員及朝庭中應用外，也定期頒行日書、修定術數，使民間對於天文、日曆用事吉凶及使用其他術數時，有所依從。

在古代，我國的漢族術數，甚至影響遍及西夏、突厥、吐蕃、阿拉伯、印度、東南亞諸國、朝鮮、日本、越南等地，其中朝鮮、日本、越南等國，一至到了民國時期，仍然沿用着我國的多種術數。

術數研究

術數在我國古代社會雖然影響深遠，「是傳統中國理念中的一門科學，從傳統的陰陽、五行、九宮、八卦、河圖、洛書等觀念作大自然的研究。……傳統中國的天文學、數學、煉丹術等，要到上世紀中葉始受世界學者肯定。可是，術數還未受到應得的注意。術數在傳統中國科技史、思想史，文化史、社會史，甚至軍事史都有一定的影響。……更進一步了解術數，我們將更能了解中國歷史的全貌。」（何丙郁《術數、天文與醫學 中國科技史的新視野》，香港城市大學中國文化中心。）

可是術數至今一直不受正統學界所重視，加上術家藏秘自珍，又揚言天機不可洩漏，「(術數)乃吾國科學與哲學融貫而成一種學說，數千年來傳衍嬗變，或隱或現，全賴一二有心人為之繼續維繫，賴以不絕，其中確有學術上研究之價值，非徒癡人說夢，荒誕不經之謂也。其所以至今不能在科學中成立一種地位者，實有數困。蓋古代士大夫階級目醫卜星相為九流之學，多恥道之；而發明諸大師又故為惝恍迷離之辭，以待後人探索；間有一二賢者有所發明，亦秘莫如深，既恐洩天地之秘，複恐譏為旁門左道，始終不肯公開研究，成立一有系統說明之書籍，貽之後世。故居今日而欲研究此種學術，實一極困難之事。」（民國徐樂吾《子平真詮評註》，方重審序）

現存的術數古籍，除極少數是唐、宋、元的版本外，絕大多數是明、清兩代的版本。其內容也主要是明、清兩代流行的術數，唐宋以前的術數及其書籍，大部份均已失傳，只能從史料記載、出土文獻、敦煌遺書中稍窺一鱗半爪。

術數版本

坊間術數古籍版本，大多是晚清書坊之翻刻本及民國書賈之重排本，其中豕亥魚魯，或而任意增删，往往文意全非，以至不能卒讀。現今不論是術數愛好者，還是民俗、史學、社會、文化、版本等學術研究者，要想得一常見術數書籍的善本、原版，已經非常困難，更遑論稿本、鈔本、孤本。在文獻不足及缺乏善本的情況下，要想對術數的源流、理法、及其影響，作全面深入的研究，幾不可能。

有見及此，本叢刊編校小組經多年努力及多方協助，在中國、韓國、日本等地區搜羅了一九四九年以前漢文為主的術數類善本、珍本、鈔本、孤本、稿本、批校本等千餘種，精選出其中最佳版本，以最新數碼技術清理、修復版面，更正明顯的錯訛，部份善本更以原色精印，務求更勝原本，以饗讀者。不過，限於編校小組的水平，版本選擇及考證、文字修正、提要內容等方面，恐有疏漏及舛誤之處，懇請方家不吝指正。

心一堂術數古籍珍本叢刊編校小組

二零零九年七月

《許氏地理辨正釋義》提要

《許氏地理辨正釋義》一冊，不分卷。民國許錦灝撰。原民國無錫致和堂鉛印刊本。線裝。虛白盧藏本。

許錦灝，字瀚初，自號覺迷子。江蘇無錫人。生卒年不詳，為清末民初人。師承山石居士。與當時易學名家黃元炳（字星若，著有《易學探原河圖像說》、《河圖像說》、《卦氣集解》、《學易隨筆》、《易學探原經傳解》、《老子玄玄解》、《孫不二內丹詩注》等）友好。著有《許氏地理辨正釋義》（初版、修訂版）。

本書是《許氏地理辨正釋義》的修訂版。書成於民國癸亥（一九二三年）。此版本是許氏在初版的基礎上，與其友黃元炳其同再修訂更正的。是書中以「清」蔣大鴻《地理辨正》輯之《青囊經》、《青囊序》、《青囊奧語》、《天玉經》、《都天寶照經》等原文作為「經」，「清」蔣大鴻及蔣氏門人姜垚之註為「傳」，許氏將其「　年心得」附於每節傳文下，是為「釋義」。其中亦引黃元炳之語。書末又附許氏自撰的《指要論》三篇。

書中許氏考證認為《青囊序》及《青囊奧語》應為一篇，又輯入題劉基（伯溫）本之《青囊序》與通行本比較（如通行本首句：「楊公養老看雌雄」，劉基本則作：「年來養老看雌雄」。）書中以易理陰陽反覆申明《地理辨正》之「陰陽」、「雌雄」、「東西卦」等義理，及以道家丹道中「用逆一」之訣釋之。如其中引道家丹訣釋《青囊奧語》「顛顛倒」等句，以證成其陰陽相乘之義。又釋《天玉經》「八神四個一」、「二十四山分兩路」、「千維乾艮巽坤壬」等句，皆有其獨特之見。

書末《指要論》三篇：「論地理三才龍穴」、「論風水之陰陽」、「論大水口少祖落脈」，乃清代玄空家之巒頭綱要，亦為許氏巒頭心得的總結。

本書雖曾在民國年間出版，但流傳稀少，至今坊間已幾無傳。為令此稀見刊本不致湮沒，特以最新技術將原書修復，精印重刊，一以作玄空法訣資料保存，一以供同道中人參考研究。

鍾靈毓秀

黃元炳

造化權奇

榆初

許氏地理辨正釋義序

客歲秋季炳自滬上歸、袖拙著學易隨筆、訪老友許君瀚初於其廬、幷求正其當否。許君讀而深契之。謂易道潔淨精微、人所難解。今取六十四卦中最難思索之處、批窾導郤、示以至當。執此一編、以循誦經文、無難上窺羲文孔子畫卦立言之旨。至於用力之勤、蓋有似乎吾形學家之事也。吾於形家之言、習之久矣。雖不爲人看墳墓相宅兆。以欲妥先人之靈、故延師相地、因研究其術。往往爲地師所愚、備嘗甘苦。及先人之塋兆既得其所、形家之言遂亦篤好之以到於今。曾以世所流傳之地理辨正、撮其旨歸爲釋明其所以、成地理辨正釋義一編。未識君之於此亦願好之否也。因出書示之曰、此青囊經、世以爲出於黃石公者也。此青囊序、青囊奧語者、本爲一篇、唐楊筠松所撰、曾文辿爲集成篇段、後世或經散失、離而爲二、不以原名青囊奧旨名之、且雜以後世文字者也。

天玉經、寶照經亦然、皆以爲楊氏所撰者也。以經名、術士謬尊之者也。其傳文除奥語爲蔣氏門人姜垚所撰外、餘皆清初蔣平階氏所撰、而平砂玉尺辨僞、則蔣氏所自作者也。平砂玉尺辨僞總括歌、姜垚所作。指要論三篇及每節傳文下之釋義語、皆爲余歷年來所心得者也。蔣氏原序、雖道其所道。然兼有專攻、且可知辨正一書輯於蔣氏。故亦列於書首也。形家自郭景純後分宗廟江西兩派。楊曾廖賴、江西派之後勁。宗廟派式微矣。今小術小用、固未斷絕。吾既得兩派之傳、深恐孝子慈孫爲葬其親、亦受地師之愚、故有是刻、俾或是或非明白於胸次、庶幾不惑。則吾之志也。今夫地、一撮土之多、及其不測、王侯將相高人奇士靈秀之所鍾毓焉。經曰、龍分兩片陰陽取、水看三叉細認蹤。江南龍來江北住、江西龍去望江東。龍之云者、原於造宙之時、山祖崑崙自西徂東、分北中南三幹。山勢所趨、水旁山行、水爲山之雄、山爲水之雌、水自小而大、山自大而小山水相抱、陰陽交媾、以其變化不測、故謂之龍也。龍氣所止、龍脈所息、其止其息而實非止非息、陰陽於以交會中呈一地、即謂之穴也。穴之左謂之青龍。穴之右謂之白虎。穴之前面、謂之朱雀。穴之後背、謂之玄武。穴之所在、謂之中五。穴之本處與其八方、名其統體、謂之玄空。幹而長者、謂之幹龍。分而出者、謂之支龍。在平地者、謂之支龍。在山體者、謂之龍龍。原所遠出之山、謂之太祖。近出之山、謂之少祖。穴之後山、謂之父母。父母一線緊束而來。胎孕突起之穴山、謂之主山。拖於主山後者、謂之鬼星。辭樓下殿、向前而行、謂之出身。左龍右虎作个字而來、重重外護者、謂之護送。護送巒頭、猛力而來向兩邊飛揚有情者、謂之曜星。金星圓、木星直、水星曲、火星尖、土星方、謂之五星。高聳金星謂之太陽。弓脚金星謂之太陰。貪狼、巨門、祿存、文曲、廉貞、武曲、破軍、左輔、右弼、謂之九星。九星者五星之變形也。此其大要也。如一一述之、僂指難名也。尋地之法、先探水口、循丫字之中畫而上、至於山谷、羣峯矗矗、其間有特異之星辰否也。有之矣、即以之爲主山、觀其之處有太極暈否也。有之矣、然後再探其龍脈之長短、脫換之純雜、護送之向背、七政之宜忌、帳之寬狹、座之緩急、朝之去來、而一一察之。於是驗其土色、而善否可知也。揆其山川與穴情之生尅、而吉凶可推也。至於平洋、則一顚倒耳。兩旁之水即龍虎也。重重水抱即重重山抱也。水口城門直至結穴之處、即大地平洋界水則止處也。設以山合水、水合山、閉目而思索其山情水意、宛似太極分爲兩片。故龍葬其麓、支葬其巔。太陰太陽胎孕兩少、而聰明睿智雄奇俊秀之彥得地靈而出矣。不觀夫樹木之植於地者乎。至於隆冬、似萎枯也。而陽春一至、萌芽抽條、老幹增榮。新枝挺秀、此新枝即老幹之分身也。樹往往有老死而旁出之孫枝於他年成參天之大木者、此孫枝即老樹精神之所寄寓者也。惟人亦然。祖宗之尸骸、老樹也。子孫之身體、新枝也。尸骸葬於地中、山川既雄秀、乃集靈於尸身、精神感召、子孫其昌。此固一說、未可厚非也。然樹木之所需在雨露、而人家之昌盛在積德。吉祥之地、不可期而得。而吉祥之因、可以勉而種。孝弟慈所以修身。食喪祭皆爲培本。人子有報本追遠之誠、於養志從令之後、又能謹身寡過善施不伐於社會、男正乎外而女正乎內、身脩而家齊矣、夫然後心心相感、神明憑依之、故有徵驗。易傳曰、在天成象、在地成形、變化見矣。又曰、原始反終、故知死生之說。精氣爲物、遊魂爲變、是故知鬼神之情狀。又曰、積善之家必有餘慶。蓋謂此也。不然、卽或欲求吉祥之地、彼祖宗神明惡其爲人之不善、且將降之以禍。吉祥之地、必不能得。卽或得之、凶入不終、尸居餘氣如楊素之流、亦豈能永保其祿位而不禍敗立至者。易曰、積不善之家必有餘殃。諺曰、陰地雖好、不敵心地好。蓋謂此也。吾之刻此地理辨正釋義、既欲人家置一編、俾不惑於庸地師之妄談、而尤願人人自孝其親、自敬其長、自淑其子弟、脩身見於世、使吉祥之地不強求而自得也。吉祥之地得、人與之相稱、豈有不英賢輩出、俊傑雲屯。夫然後我神洲大陸立德立功立言者、救國救民、光耀於天下。豈非用術之大美者乎。炳曰善哉、君之論形勢、迴絕恆蹊矣。遂爲之序。壬戌冬日同里弟黃元炳拜撰。

許氏地理辨正釋義自敘

余短於才、困於學、安敢有所著述哉。以壯年時　先父命尋葬身之地、而受地師之欺。遂立志研究形家之言、迄今已歷二十餘年。稍有所得、不忍自祕。爰將人人所知、且奉爲圭臬者之地理辨正、釋其要義、而奉教於世之君子。余之爲先父母覓葬地也、憑地師之言、所購之地盡屬砂脚、無脈無氣、旁有凹風。彼時昧昧、悉聽地師之言。詎知一經開發、悉是爛砂、深至丈外、尚無寸土。地師與山主乃狼狽爲奸、將浮泥墊入以售其詐。然墊入之泥與天然之泥、固自不同。其巧詐泄、其地棄置矣。竊恨無形家知識、易爲人所蒙蔽也。豈知此道艱深、幽奧難測。惟有訪求名地師、助已尋覓。然所請地師、徒有虛名而無實學。非江湖街術之流、即猥瑣貪鄙之夫。所尋之地、或高山險巖、或硬砂山脚。其地又棄置矣。然形家之言、余於斯時稍有進益。其進益非他也。乃方知藉地理餬口者之俱無眞學問人也。是時厥後、雖求地不得、而求學之志不少衰。有山石居士者、來遊於錫。卽囑友人爲介紹而見之。從遊數月。居士竟無一言。偶有佳地、四面觀探、不至穴中。恐余悉其妙也。然觀居士言行、故是高人、而與俗師不同。因知居士斷非無本之學。渴然欲求其指點。然終以不傳非人一言見拒。翌年居士復來錫。察余誠意、視爲可同斯道。余卽倩同人證明立誓。始得其傳。烏乎、爲學之不易有如是哉。居士卽將山水來龍出脈、穿河渡水、過峽束咽、雌雄胎伏、水口明堂、官鬼禽曜、山水龍之雌雄交媾、龍法穴法、以及青囊祕要、一一指示。而龍穴正怪之形、方能了然於胸。　先父母之葬地亦如願以償平生尋地之志畢、而余亦垂垂老矣。因欲以此地理辨正釋義付之手民。而秋深患痢、病不能輿。及欲自爲校讎、則書已裝就。魯魚亥豕、觸處而是。鈔寫既誤、竟不堪入目。故貯積於家、偶用贈人。黃星若先生余之契友也。粹然儒者。學易垂三十年、兼通莊老。博雅湛深、於書無所不窺。別久矣。一旦歸來。欣然訪余於家。余卽以所刻本就正。舊雨重逢、各道所學。抵掌傾談、更唱迭和。謂吾國有大術二、能補天地之所不足者、一爲堪輿、一爲金丹。形氣雖別、而皆往往通乎道。此自漢唐以來續緒增新之兩大學術、惟吾羲軒裔胄、爲能用之、以培養其精神、隆盛其邦家者也。事不因於古而進化者多矣。況公劉遷豳、姬旦卜洛、陰陽家由來已久。樗里青烏黃石赤松管輅郭璞楊筠松曾文辿廖禹賴大有鄭謐劉伯溫繆希雍之徒、或倡於前、或隨於後、豈無得而然哉。太史公序六家要旨、謂陰陽家使人拘而多所畏、其事難盡從。後之操術遨遊者、又增其僞以亂眞。辭不典雅、理難憑信、搢紳先生故不道。今如青烏子、水龍經、葬經注、葬經翼、難解、總索、國寶經、博山篇、堪輿漫興等書、與夫地理辨正所載者。其理固畫然也。而士大夫偶或談之、聞者或以啇邱開病之矣。及葬其親、又不肯葬之於叢塚也。又不忍如釋家之屠維也。此固孝子仁人之心也。然而厚葬其親、乃託之於粗識之無之敝地師焉。不思有物有則、而葬親爲事之最大者乎。林和靖梅妻鶴子、司馬君實後嗣竟絕。二賢身世、士君子扼腕相告、每致憤慨。歎蒼天之夢夢、而豈知人事之或有未盡者耶。黃君既勸余更正地理辨正釋義之謬誤。以爲簡要、慫恿重刻之。又將余之可以爲人告者。略載之於所爲序中。至於心得、則在希聲幻渺之處相應而已。不足爲外人道也。壬戌冬日無錫許錦灝自序

地理辨正原序

通三才之道曰儒、故天官地理皆學士家窮理之本業。而象緯之學正三統、測災祥、屬有國家者之事。獨地理爲養生送死生民日用所急。孝子慈孫尤不可以不謹。宋儒朱蔡諸賢間有發明。見於性理書中者班班可考。顧僅能敷陳梗概、而未究其精微。或者進而求之。通都所布管郭諸書、雖其言鑿鑿、而去之逾遠。斯其爲道顯而隱。誠所謂間世一出、非人不傳者耶。余少失恃、壯失怙。先大父安溪公早以形家之書孜孜手授。久而後知俗學之非也。思窮徑絕、乃得無極子之傳於游方之外。習其所傳又十年所。於是遠溯黃石靑烏、近考靑田幕講。彼其言蓋人人殊、而厥旨則一。且視天下山川土壤、雖大荒內外、亦如一也。其庶乎地學之正宗在是。輒欲舉其說以告學者、又不容顯言。無已、則取當世相傳之書訂其紕繆而折其是非。使言之者無罪、而聞之者有所懲戒、而不至於亂。辨正之書、所以作也。夫地學之有書、始於黃石。盛於楊公。而世所惑溺而不可卒解者、則莫甚於玉尺。故論斷諸書彙爲一編。其俎豆之與爰書、皆以云救也。于姜諸子。問業日久。經史之暇。旁及此編、豈好事哉。我得此道以釋憾於我親。從我游者皆有親也。姜氏習是編而遽梓之以公世、其又爲天下後世之有親者加之意歟。允哉儒者之用心也已。華亭蔣平階序

辨僞文

僕弱冠失恃。先大父安溪公命習地理之學。求之十年、而始得其傳。乃以所求偏證之大江南北古今名墓、又十年而始會其旨。從此益精求之、又十年而始窮其變。而我則已老矣。姚水親隴告成、生平學地之志已畢。自此不復措意。夫豈不欲傳之其人。然天律有禁、不得妄傳。苟非忠信廉潔之人、未許與聞一二也。丹陽張孝廉仲馨、丹徒駱孝廉士鵬、山陰呂文學相烈、會稽姜公子垚、武陵胡公子泰徵、淄川畢解元世持、昔以文章行業相師、因得略聞梗概。此諸君子、或丹穴鳳雛、或青春鶚薦。皆自置甚高、不可一世。蓋求其道以庇根本、非挾其術以爲壟斷。故能三緘其口、不漏片言。庶不負僕之講求爾。若夫中人以下、走四方求衣食者、僕初未嘗不憐之。然欲冒禁而傳眞道、則未敢許也。至於僕之得傳、有訣無書。以此事貴在心傳、非可言罄。古書充棟、半屬僞造。故有辨正一書、昌言救世。後復自言所得、作天元五歌。然皆蒙莊之糟粕。必求其精微、則亦不在此也。此外別無祕本、私爲一家之書。近聞三吳兩浙、都有自稱得僕眞傳、以自衒鬻者。亦有自撰僞書、指爲僕之祕本、以瞽惑後學者。天地之大、何所不容。但恐僞託之人、心術鮮正。以不正之術謀人身家、必誤人之身家。以不正之書傳之後世、必貽禍於後世。僕不忍不辨。惟有識者察之。華亭蔣平階大鴻氏敬告。

許氏地理辨正釋義

無錫許錦灝述

青囊經

原作黃石公授、赤松子述義。不知何據。上篇天依形、地附氣、宋邵子曾言之。下篇無極而太極也句、宋周子濂溪載之於太極圖說。皆未應見之於此。然此書共三卷、其前二卷、晉郭氏景純唐邱氏延翰皆有命名。下卷文情似與上中卷相類。未能必其非有道之人所作也。特周子邵子用於大處、而此則用之於小耳。書闕有閒。要之此書、由來久矣。淸雲閒蔣大鴻平階爲作傳、頗能發明旨趣。稱之爲經、亦如醫家難經脈經、神仙家之丹經、皆術家尊信所學而稱之爲經耳。

上卷

古作堪輿篇。郭璞作氣感篇。邱延翰作理原論。定此爲上卷等、殆蔣氏門人姜垚也。

經曰、天尊地卑。陽奇陰偶。一六共宗。二七同道。三八爲朋。四九爲友。五十同途。闔闢奇偶。五兆生成。流行終始。八體宏布。子母分施。天地定位。山澤通氣。雷風相薄。水火不相射。中五立極。臨制四方。背一面九。三七居旁。二八四六。縱橫紀綱。陽以相陰。陰以含陽。陽生於陰。柔生於剛。陰德宏濟。陽德順昌。是故陽本陰、陰育陽、天依形、地附氣。此之謂化始。

傳曰、此篇以無形之氣爲天地之始、而推原道之所從來也。夫陽氣屬天、而實兆于地之中。聖人作易、以明天地之道、皆言陰陽之互爲其根者而已。天高而尊、地下而卑。然尊者有下濟之德、卑者有上行之義。一陰一陽、一奇一偶、其數參伍、所以齊一、其形對待、所以往來。天地之匡廓由此而成、四時之代謝由此而運。萬物之化育由此而胚。夫此陰陽奇偶之道、隨舉一物、無不有之。天地無心、聖人無意、自然流露、而顯其象於河圖。遂有一六共宗、二七同道、三八爲朋、四九爲友、五十同途之象。聖人因其象而求其義。以奇者屬陽、有天一天三天五天七天九之名。以偶者爲陰、而有地二地四地六地八地十之名。而有一必有二、有三必有四、有五必有六、有七必有八、有九必有十。所謂參伍之數也。此一彼二、此三彼四、此五彼六、此七彼八、此九彼十。此所謂對待之形也。天數與地數各得其五。此謂一成之數。而百千萬億無窮之數、由此而推也。天數地數各得其五、合二五而成十。蓋有五卽有十、猶有一卽有二。陰陽自然之道也。故有天之一卽有地之六、有地之二卽有天之七、有天之三卽有地之八、有地之四卽有天之九、有天之五卽有地之十。此陰陽之數以參伍而齊一者也。易曰、五位相得、蓋謂此也。而一六在下、則二七必在上。三八在左、則四九必在右。五居中、則十亦居中。此陰陽之數對待而往來者也。易曰、五位相得、而各有合、蓋謂此也。以其參伍而齊一。故一奇一偶燦然而不棼。以其對待而往來、故奇偶之間一闔一闢潛然而自應、此生成之所從出也。天一生水而地六成之、地二生火而天七成之、天三生木而地八成之、地四生金而天九成之、天五生土而地十成之。一生一成、皆陰陽交媾之妙。二氣相交、而五行兆焉。降於九天之上、升於九地之下、周流六虛、無有休息、始而終、終而復始、無一息不流行、則無一息不交媾。當其無、而其體渾然已成。當其有、而其體秩然有象。聖人因河圖之象數而卦體立焉。夫河圖止有四象、而卦成八體者、何也。蓋一畫成爻、爻者交也。太始之氣、止有一陽。○是名太陽、⚊。太陽一交而成太陰、⚋。是曰兩儀。太陰太陽再交而成少陰⚎、少陽⚍。并太陰⚏太陽⚌、是曰四象。此河圖之顯象也。四象三爻而成八卦。☰曰乾、☱曰兌、☲曰離、☳曰震、☴曰巽、☵曰坎、☶曰艮、☷曰坤。蓋卽河圖每方二數、析之則有八。此河圖之象隱而顯者也。故卦之八、由於四象。爻之三、由於三交。乾坤二卦爲母、六卦爲子、此八卦之母子也。諸卦自爲母、三爻爲子。此一卦之子母也。以此分施造化、布滿宇宙之間。於是擧陽之乾爲天、對以陰之坤爲地、謂之天地定位。天覆於上則地載於下也。此陰陽之一交而成天地者也。擧陽之艮爲山、對以陰之兌爲澤、謂之山澤通氣。山載於下則澤受於上也。擧陽之震爲雷、對以陰之巽爲風、謂之雷風相薄。雷發於下則風動於上也。擧陽之坎爲水、對以陰之離爲火、謂之水火不相射。水火平衡、形常相隔而情常相親也。此三陰三陽之各自爲交、而生萬物者也。先賢以此爲先天之卦。伏羲所定。本於龍馬負圖而作。實則混沌初分、天地開闢之象也。四象虛中而成五位。此中五者、卽四象之交氣。乾之眞陽、坤之眞陰、皆無形、而土爲之形。此土之下爲黃泉。皆坤地積陰之氣。此土之上爲清虛。皆乾天積陽之氣。而土膚之際、平鋪如掌。乃至陰至陽乾坤交媾之處。水火風雷山澤諸凡天地之化機、皆露於此。故中五者、八卦託體儲精、成形顯用之所也。故河圖洛書同此中五以立極也。河圖雖有四象。而先天陽升陰降、上下初分、未可謂之四方。自中五立極而後、四極劃然各正其方矣。有四方之正位、而四維介於其間、於是八方立焉。統中五皇極而爲九、分而布之、一起正北、二居西南、三居正東、四居東南、五復居中、六居西北、七居正西、八居東北、九居正南、謂之九疇。此雖出於洛書、而實與河圖之數符合。天地之理、自然發現、無不同也。布其位曰戴九履一、左三右七。二四爲肩。六八爲足。其八方之位、適與八方之數均齊。聖人卽以八卦隸之、而次其序曰坎一坤二震三巽四中五乾六兌七艮八離九。此四正四維不易之定位也。數雖起一、而用實首震。蓋成位之後、少陽用事、而先天主天、後天主日、元子繼體、代父爲政也。易曰、帝出乎震、齊乎巽、相見乎離、致役乎坤、說言乎兌、戰乎乾、勞乎坎、成言乎艮。一二三四五六七八九者、占今之禪代推移、周而復始者也。震巽離坤兌乾坎艮者、日月之出沒、四時之氣機、運行遷謝、循環無端者也。先賢以此爲後天之卦。昔者大禹治水、神龜出洛。文王因之作後天之卦。豈伏羲畫卦之時未有洛書、而大禹演疇之時未有後天卦位耶。竊以爲圖書必出於一時。而先天後天卦位亦定於一日。伏羲但有卦爻、而文王始繫之辭耳。河圖洛書、非有二數。先天後天、非有二義也。特先天之卦、以陰陽之對待者言。有彼此而無方隅。後天之卦、以陰陽之流行者言。則有方隅矣。至其作卦之旨、要在於陰陽之互根則一也。夫易之道、貴陽賤陰、則陽當爲主而陰當爲輔。而此云陽以相陰者、何也。蓋陽之妙不在於陽、而在於陰。陰中之陽、乃眞陽也。故陰爲之感、而陽來應之。似乎陰反爲君而陽反爲相。此經言神明之旨也。然陽之所以來應乎陰者、以陰中本自有之。以類相從、故來應耳。豈非陰含陽乎。陰含陽則能生陽矣。一切發生之氣、皆陽司之。則皆陰出之者也。剛柔卽陰陽。陰陽以氣言。剛柔以質言。易曰、乾剛坤柔。又曰、剛柔相摩、八卦相盪。八卦之中皆有陰陽、則皆有剛柔。若以陽爲剛、以陰爲柔、則宜乎剛生於柔矣。而乃云柔生於剛者、何也。無形之氣、陽剛而陰柔。有形之質、陰剛而陽柔。於有形之剛質又生無形之柔氣。質生氣、氣還生質。故曰柔生於剛也。凡其所以能爲相助、能爲包含、生生不息如是者、則以陰之與陽蓋自有其德也。惟陰之德能宏大夫陽、以濟陽之施。故陽之德能親順夫陰、以昌陰之化。此陰陽之妙以氣相感、見於河圖洛書先後天之卦象者如是。由是則可以知天地之道矣。天地之道、陽常本於陰、而陰常能育陽。故天、非廓然空虛者爲天也。其氣常依於有形、而無時不下濟。地、非塊然不動者爲地也。其形常附於元氣而無時不上升。然則天之氣當在地中而地之氣皆天之氣。陰陽雖曰二氣、止一氣耳。所以生天生地者此氣。所以生萬物者此氣。故曰化始也。

釋義曰、天高而尊。地下而卑。然尊者有下濟之德、卑者有上行之義。天一生壬水、地六癸成之。地二生丁火、天七丙成之。天三生甲木、地八乙成之。地四生辛金、天九庚成之。天五生戊土、地十己成之。有闔則有闢、有奇則有偶、陰陽自然之道。五兆生成、流通終始。有八卦之象顯布。父母生子女而成八體。天地定位、山澤通氣、雷風相薄、水火不相射、雖成八卦、而無中五立極、不能臨制四方。中五之極、其妙難言矣。聖人向明而治、明堂位六一八、七五三、二九四。自北而南、戴九履一、左三右七、二四爲肩、六八爲足、四正爲奇、四維爲偶。三在東方者、以奇數一、乃是先天壬水與偶數二之丁火一合、方能成萬物。故奇數不以一爲主、而以三爲主。三三如九、三九二十七、三乘二十七爲八十一、三乘八十一爲二百四十三、左旋爲順。偶數以二爲主。二二如四、二四如八、二八十六、二乘十六爲三十二、右旋爲逆。一奇一偶、一順一逆、相須而成。陽能相陰、陰能含陽。剛能生柔、石能生土。無論萬物、陰能洪大、陽能昌盛。形雖依天、氣實附於地者也。

黃元炳曰、第一句天尊地卑、見於易繫辭傳、下文言乾坤定矣。乾天坤地、舉乾坤而六子在內矣。此以卦言、即以言乎象也。第二句陽奇陰偶、在易以九爲老陽繫於陽爻、以六爲老陰繫於陰爻。老變少不變、以用乎蓍。此則以言乎數也。天尊地卑、陽奇陰偶、二句一象一數。窮六合內外古今、要不能越乎象數、故以二句冠於篇首也。一六共宗、一爲生數、六爲成數、一在北內、六在北外言共宗者、水去五則一故也。二七同道、二爲生數、七爲成數、二在南內、七在南外言同道者、火去五則二故也。三八爲朋、三爲生數、八爲成數、三在東內、八在東外言爲朋者、木去五則三故也。四九爲友、四爲生數、九爲成數、四在西內、九在西外言爲友者、金去五則四故也。五十同途、五爲一、十爲二、五爲生數、十爲成數、言同途者、土去五亦爲五故也。此一六共宗下、言先天之數。闔闢奇偶者、闔指二五、闢指一五、奇以數言闢、偶以數言闔、闔則有限、闢乃無限。易繫辭傳曰、闔戶謂之坤、闢戶謂之乾、一闔一闢謂之變。闔闢在土、生成所本也。五兆生成、流通終始者、木生火火生土土生金金生水水生木、金剋木木剋土土剋水水剋火火剋金、五十同途而生無生剋無剋、故水火木金本無生本無剋、故共宗同道爲朋爲友、以生成流通乎終始、息息終息息始、流通而始終一時、無終無始同乎大順也。八體宏布、子母分施者、天地定位是父母分施、山澤通氣雷風相薄水火不相射爲子女母媳分施、舉母概父舉子概母與媳、媳者眞女也。夫是之謂八體宏布。如上先天數配以先天象。其分施豈卽易說卦傳所謂雷以動之、風以散之、雨以潤之、日以晅之、艮以止之、兌以說之、乾以君之、坤以藏之者耶。蓋由是而中五立極、臨制四方矣。中五立極者、立人之極。宋周茂叔先生所謂無極而太極、無極之眞、二五之精、妙合而凝。乾道成男、坤道成女是也。臨制四方者、大學親民之事、齊家治國平天下之事。背一面九、三七居旁、二八四六、縱橫紀綱者、三三如九木生火、至於三九二十七或去滿十得七爲土生金、夫然後三乘二十七爲八十一或一、爲金生水、夫然後三乘八十一爲二百四十三或三、爲水生木。火生土在於中五、以爲生也。二二如四、二四如八、二八十六、二乘十六爲三十二或二、陰數逆行、以四從三、六從七、二八從五、水火各一、金木各二、土得三、故曰臨、土剋水木剋土而解之也。故曰制也。一五九爲十五、二五八爲十五、三五七爲十五、四五六爲十五、四八三爲十五、二七六爲十五、六一八爲十五、二九四爲十五。十五者、奇偶闔闢以五用於十也。五爲綱而十爲紀、亦後天八卦坎離夫婦之當位、震巽夫婦之倡隨、乾坤夫婦之已往、艮兌夫婦之將來。以往爲家主、而有齋季女（言女之少年時也）不得與從兄之少男相交接、父母防限之以禮、不與巽之長嫂離之次嫂相是非也。故中五立極以下言洛書之數、而實言後天象也。陽以相陰、陰以含陽者、易繫辭謂立天之道曰陰與陽、指天道而言也。陽生於陰柔生於剛者、兼天道地道而言也。陰德宏濟、陽德順昌者、單指地道而言也。陽以相陰下至陽德順昌、天地之用備矣。陽本陰、陰育陽、而曰是故者、踵上以言天地生物、因之而言及首出庶物之人也。天依形、地附氣者、成終而所成始之事。成終即化、與古爲新、故曰此之謂化始也。通篇百三十字、字字精粹、不僅爲形勢家而作。殆隱君子之傑撰也。宋邵伯溫述康節答問語曰、天何依。曰依乎地。地何附。曰附乎天。曰天地何所依附。曰自相依附。天依形、地附氣、其形也有涯、其氣也無涯。此見於漁樵問答。已開星星世界互相吸之理。特形家乃用之於察地耳。

中卷

古作天官篇。郭氏作神契篇。邱氏作天元金書。未知何據。

經曰、天有五星。地有五行。天分星宿。地列山川。氣行於地。形麗於天。因形察氣。以立人紀。紫微天極。太乙所御。君臨四正。南面而治。天市東宮。少微西掖。太微南垣。旁照四極。四七爲經。五德爲緯。運斡坤輿。垂光乾紀。七政樞機。流通終始。

地德上載。天光下臨。陰用陽朝。陽用陰應。陰陽相見。福祿永貞。陰陽相乘。禍咎踵門。天之所臨。地之所盛。形止氣蓄。萬物化生。氣感而應。鬼福及人。是故天有象、地有形、上下相須而成一體。此之謂化機。

傳曰、此篇以有形之象爲天地之機、而指示氣之所從受也。上文既明河圖洛書先天後天八卦之理。聖人作易之旨盡於此、天地陰陽之道亦盡於此矣。然聖人不自作易。其四象八卦、皆仰法於天。故此篇專指天象以爲言。夫易之八卦、取象於地之五行。而地有五行、實因天有五曜。五曜凝精於上、而五行流氣於下。天之星宿、五曜之分光列象者也。地之山川、五行之成形結撰者也。故山川非列宿、而常具列宿之形。觀其形之所呈、卽以知其氣之所稟。夫有是形、御是氣、物化自然。初未及乎人事、而聖人仰觀俯察、人紀從此立焉。木爲歲星、其方爲東、其令爲春、其德爲仁。火爲熒惑、其方爲南、其令爲夏、其德爲禮。土爲鎭星、其方爲中央、其令爲季夏、其德爲信。金爲太白、其方爲西、其令爲秋、其德爲義。水爲辰星、其方爲北、其令爲冬、其德爲智。洪範九疇所謂敬用五事、亨用五福、五紀八政、皇極庶徵、皆自此出。故聖人御世宰物、一天地之道也。備言天體、則有七政以司元化。日月五星是也。有四垣以鎭四方、紫微天市太微少微是也。有二十八宿以分布周天、蒼龍七宿角亢氐房心尾箕、朱鳥七宿井鬼柳星張翼軫、白虎七宿奎婁胃昴畢觜參、玄武七宿斗牛女虛危室壁是也。四垣卽四象。七政卽陰陽五行之根本。其樞在北斗、而分之四方爲二十八宿。故房虛昴星應日、心危畢張應月、角斗奎井應歲星、尾室觜翼應熒惑、亢牛婁鬼應太白、箕壁參軫應辰星、氐女胃柳應鎭星。臨制其方、各一七政也。渾天周匝、雖云四方、而已備八卦二十四爻之象矣。非經無以立極。非緯無以蟺化。一經一緯、眞陰眞陽之交道也。交道維絡、而後天之體環周而固於外、地之體結束而安於中。此元氣之流行、自然而成器者也。其始無始、其終無終、包含六合、入於無閒。雖名陰陽、一氣而已。人能得此一氣、則生者可以善其生、而死者可以善其死。地理之道、蓋人紀之一端。此端旣立、則諸政以次應之。故聖人重其事。其用在地、而必求端於天。本其氣之所自來也。然氣不可見而形可見。不可見之氣、卽寓於有可見之形。形者氣之所成、而卽以載氣。氣發於天、而載之者地。氣本屬於陽、而載之者陰。故有陰卽有陽。地得其所、則天氣歸之、天地無時不交會。陰陽無時不相見。相見而得其冲和之正、則爲福德之門。相見而不得其冲和之正、卽爲相乘、而名禍咎之根。禍福殊塗、所爭一閒。良足畏也。且亦知星宿之所以麗於天、山川之所以列於地者乎。天之氣、無往不在。而日得天之陽精而恆爲日。月得天之陰精而恆爲月。五曜得天五氣之精而恆爲緯。至於四垣二十八宿、衆星環列、又得日月五星之精而恆爲經。此則在天之有形者有以載天之氣也。地之氣、無往不在。而山得日月五星之氣而恆爲山川得日月五星之氣而恆爲川。此則在地之有形者有以載地之氣也。列宿得天之氣而生於天、列宿與天爲一體也。山川得地之氣而生於地、山川與地爲一體也。萬物之生於天地、何獨不然。夫萬物非能自生、借天地之氣以生。然天地非有意生萬物、萬物各自有機焉、適與天地之氣相遇於窅冥恍惚之中、夫有所沾濡焉、夫有所絪縕焉、夫有所苞孕焉、遂使天地之氣止而不去、積之累之、與物爲一、乃勃然以生爾。地理之道、必使我所取之形足以納氣、而氣不我去。則形與氣交而爲一。必使我所據之地足以承天、而天不我隔。則地與天交而爲一。夫天地形氣既合而爲一、則所葬之骨亦與天地之氣爲一。而死魄生人、氣脈灌輸、亦與爲一。禍福之來、若機張審括。所謂化機也。不然、蓄之無門、止之無術。雖周天列宿炳耀中天、而我不蒙其照。雖大地陽和滂流八表、而我不沾其澤。天爲匡廓、地爲槁壤、骨爲速朽、子孫爲寄生。我未見其獲福也。可不愼哉。可不愼哉。

釋義曰、紫微卽玄武也。天市卽青龍也。少微卽白虎也。太微卽朱雀也。君在紫微、旁照四極、斗柄所指、天下皆春。陽朝陰、陰應陽、陰陽相見、故能福祿永貞。否則禍咎踵門矣。蓋天有五星、金木水火土五德之見於天者也。地有五行、金木水火土五德之見於地者也。天分星宿、在天之五德所分。地列山川、在地之五德所分。氣行於地者、天氣之行於地也。形麗於天者、地形之麗於天也。因形察氣、以立人紀者、因地之形以察天氣、知其所在而用之也。紫微天極、太乙所御、君臨四正、南面而治者、紫微得一而行於九宮、如聖人之向明而治也。天市、少微、太微、言兩邊之山水、及對面之山水也。旁照四極、言太乙君臨、燭照於四方、無有所遺也。四七爲經者、二十八宿爲經也。五德爲緯者、金木水火土五星爲緯也。運斡坤輿、垂光乾紀者、轉移地之氣運、垂象於天以爲綱紀也。七政樞機、流通終始者、日月五星之德、樞機在地、成終而所成始、流通無間也。地德上載、天光下臨者、天地之交也。陰用陽朝、陽用陰應者、卽所謂山情水意也。陰陽相見、福祿永貞、因山水之有情有意也。陰陽相乘、禍咎踵門、以不得冲和之正、山水破敗而無情無意也。天之所臨、地之所盛、形止氣蓄、萬物化生者、天臨於上、而地有所盛、所盛者止、而被盛者蓄積於內、然後萬物化生也。氣感而應、鬼福及人者、先人之靈得所依止、而依止之地又爲吉祥之域。孝子慈孫、祭祀馨香、先靈所得之福能錫及子孫也。祭則受福、古有明文。雖山川鬼神亦能賜福。而先人之福及於子孫者爲更切。故重在墳墓而言也。是故以下、言天地人一體也。天地人既一體不貳、故有感必應。福祿禍咎、豈有不能彰彰流露者乎。化機者非他、卽此感應之機而已。

下卷

古作叢辰篇。此篇郭邱二氏未命名。殆未見也。郭邱術家之雄、不應不見。文情雖未能必其非古。而爲宋代時人所作、亦未可知也。

經曰、無極而太極也。理寓於氣。氣囿於形。日月星宿。剛氣上騰。山川草木。柔氣下凝。資陽以昌。用陰以成。陽德有象。陰德有位。地有四勢。氣從八方。外氣行形。內氣止生。乘風則散。界水則止。是故順五兆、用八卦、排六甲、布八門、推五運、定六氣、明地德、立人道、因變化、原始終。此之謂化成。

傳曰、此篇申言形氣雖殊而其理則一、示人以因形求氣、爲地理入用之準繩也。易曰、易有太極、是生兩儀。太極者、所謂象帝之先。先天地生、能生天地萬化之祖根也。本無有物。無象無數、無方隅、無往不在。言太極則無極可知。後賢立說、慮學者以太極爲有物、故申言以明之曰無極而太極也。大而天地、細而萬物、莫不各有太極。物物一太極、一物全具一天地之理。人知太極物物皆具、則地理之道思過半矣。理寓於氣、氣一太極也。氣囿於形、形一太極也。以至日月星辰之剛氣上騰、以剛中有太極、故能上騰。山川草木之柔氣下凝、以柔中有太極、故能下凝。資陽以昌、資之以太極也。用陰以成、用之以太極也。太極之所顯露者謂之象。而所宣布者謂之位。地無四勢、以太極乘之、而命之爲四勢。氣無八方、以太極御之、而命之爲八方。勢與方者、其象其氣。而命之爲勢爲方者、其極極豈有定耶。則勢與方亦豈有定耶。四勢之中、各自有象。則八方之中、亦各自有氣。然此諸方之氣、皆流行之氣。因方成形、只謂之外氣。苟任其流行而無止蓄、則從八方而來者、還從八方而去。千山萬水、僅供耳目之玩。如傳舍、如過客。總不足以濬發靈機、滋荄元化。必有爲之內氣者焉。所謂內氣、非內所自有。卽外來流行之氣於此乎止。有此一止、則八方之行形者、皆招攝翕聚乎此。是一止而無所不止。於此而言太極、乃爲眞太極矣。無所不止、則陽無所不資、陰無所不用。而生生不息之道在其中。太極生兩儀、兩儀生四象、四象生八卦。萬事萬物、皆胚胎乎此。前篇所謂形止氣蓄、萬物化生。蓋謂此也。然但言止、而不申明所以止之義、恐世之審氣者、茫然無所措手。故舉氣之最大而流行無間者曰風曰水。夫風有氣而無形。稟乎陽者也。水有形而兼有氣。稟乎陰者也。然風稟乎陽、而陽中有陰焉。水稟乎陰、而陰中有陽焉。二者皆行氣之物。氣之陽者、從風而行。氣之陰者、從水而行。而行陽氣者、反能散陽。以陽中有陰也。行陰氣者、反能止陽。以陰中有陽也。大塊之間、何處無風、何處無水。風原不能散氣。所以噓之使散者、病在乎乘。水原不能止氣。所以吸之使止者、妙在乎界。苟能明乎乘與界之爲義。審氣以定太極之法、概可知矣。上文反覆推詳、皆泛言形氣之理。至是乃實指地理之用。於是總括其全焉。順五兆、以五星之正變審象也。用八卦、以八方之衰旺審位也。排六甲、以六甲之紀年審運也。布八門、以八風之開闔審氣也。地理之矩矱、盡於此矣。推五運、以五紀之盈虛審歲也。定六氣、以六氣之代謝審令也。謹歲時以扶地理之橐籥、盡於此矣、如是則太極不失其正、而地德可明。然聖人之明地德也、非徒邀福而已。蓋地之五行得其順、則人之生也、五德備其全、而五常順其性。聖賢豪傑、接踵而出。而禮樂政刑、無不就理。豈非人道自此立乎。然此亦陰陽變化自然之妙。雖有智者、不能以私意妄作。夫亦深知其所以然、因之而已。夫卜地葬親、乃慎終之事。而子孫之世澤、皆出其中。則人道之所以終、卽爲人道之所以始。然則斯道也者、聖人開物成務無有大於此者也。謂之化成、宜哉。

釋義曰、太極本無極。中五卽太極。理寓於氣之中。氣囿於形之中。日月星辰、剛氣上騰、而剛中有太極、故能上騰。山川草木、柔氣下凝、而柔中有太極、故能下凝。萬物資陽以昌、用陰以成、以獨陽不生、獨陰不育、獨則非太極故也。外氣行形、內氣止生、乘風則散、界水則止者、風水爲行氣之長。風屬陽、陽中藏陰、故乘則能散。水屬陰、陰中含陽、故界則能止也。順五兆者、順天之五星也。用八卦者、用八卦之方位也。排六甲者、排六甲之時令也。布八門者、布八門之虛實也。推五運者、推五運之生剋也。定六氣者、定六氣之代謝也。明地德者、明地德之高下也。如是而方能立人道、因此而變化無窮。原始原終、皆由乎此。所以謂之化成也。

青囊序

案篇中所言、與青囊經互相發明、而命名曰青囊序、頗覺不類。而相傳已久、未有知其誤者。考圖書集成藝術典堪輿類、載有楊公筠松青囊奧旨一篇、明劉誠意伯序文謂楊筠松家傳之奧旨也。以二氣五行一節二節之法成賦。門人曾文辿掇合成篇。曲盡地理造化運行之機。眞參贊化育之大道也。首言尋龍之法。審來龍以辯雌雄、察金龍以定水路、覩血脈以究源流、認三叉以明聚散、識陰陽以明運氣交媾之情、分順逆以求祖宗求曆之旨。於堪輿無餘蘊矣。用來龍三合以量山、收十二方山龍之吉。以向上玄空三合納音而論水、收十二路水神之妙、山管山水管水、而五行各專生旺之氣。吉凶之應昭然矣。次又分二十四山之陰陽、以定穴情之可否、或正來、或饒減、而進退迎縮之法明矣。所以穴順來龍、向依水法、而山與水之煞無不消矣。至於溝壑水路出入之法、生剋會自然之運而不失其度、俾鬼神不得司禍福之機、天地不得擅化育之宰。所謂改天命、囘造化之玄術也。豈時師所能與知哉。洪武四年秋玉屏山人劉基伯温序。其全文如此。語近誇大、眞贋未可知。要爲於正文能次序津然、非後人淩亂無稽之雜刻也。劉公解說精詳。文煩不錄。其文與雜刻之本分爲青囊序青囊奧語者、互爲詳略。文辭高潔、勝於雜刻。大抵此青囊序、青囊奧語兩篇本是一篇。曾文辿受業於楊公之門、不應僅得不全之作。即所注亦必全注。殆傳世既久、湮滅不彰、後人得坊間之殘編、未知裁决、謬謂青囊序而青囊奧旨略得遺文、更益以後人精要之語、又成爲一篇者也。嗟乎、斯術中絕、於今久矣。五行生刻本屬陰陽家流。搢紳先生既難言之。又恍惚其理。未敢信也。顥學此有年、粗得其歸趣之所在。以辯正所刻者與劉公所解者相比較、雖各有僞撰之文、而明初所傳爲勝。是以亟錄其正文如下、以諗世之知音君子、俾共賞也。

年來養老看雌雄。天下之書對不同。先看金龍動不動。次認血脈定來龍。龍分兩片陰陽取。水看三丫細認蹤。江南龍尋江北住。江西龍去望江東。二十四山分順逆。認取陰陽祖與宗。陽從左邊團團轉。陰從右路轉相通。若人知得陰陽局。何愁大地不相逢。是以聖人卜河洛。纏澗交華嵩。相其陰陽流水位。卜年卜宅始都宮。朱雀發源生旺位。一一開講說愚蒙。先天羅經十二位。後天方用支干聚。四維八干輔支位。母子公孫同一類。二十四山雙雙起。少有時師知此義。五行撥配二十四。時師此義何曾記。識得精微分五行。知得榮枯死與生。「申子辰坤壬乙水。己酉丑巽庚癸金。亥卯未乾甲丁木。寅午戌艮丙辛火。此節雙山三合、乃後人加入明眼者自能知之。」用此步水與量山。萬里山河一晌間。山上龍神不下水。水裏龍神不上山。二十四山分兩路。認取陰陽祖與宗。二十四山論五行、知死又知生。不問坐向與來山、死氣却虛聞。一生二、二生三、三生萬物是玄關。山管山、水管水、此是陰陽玄妙理。陽山陽向水陽流、此說甚荒唐。陰山陰向水陰流、笑殺人拘泥。若能勘破個中玄、妙用本來同一體。更有收山出煞法、前後八尺須無雜。坎癸申辰坤乙星、離壬寅戌兼乾甲。此是陽山起頂來。收山出煞正宜裁。斜側收入陰陽取。緩逢生旺實奇哉。艮丙兌丁並已丑。巽辛震庚亥未受。此是陰山入穴來。立向何須拘左右。若逢順逆有從來。取脈論方向上裁。此是收山出煞書。三節四節不須拘。只要龍神得生旺。陰陽却與穴中殊。更看明堂並朝水。文庫大小俱得位。截定生旺莫教流。直射直流家退敗。射破生方主少亡。衝破旺方財郎當。沐浴來時男女亂。庫方來到定非祥。更看諸位起高峯。尖秀方圓俱得位。生方高聳旺人丁。旺位起峯官爵至。坐向須明生剋化。進退水路總非輕。生出剋出爲退曜。生入剋入爲進神。退水何愁千百步。進水須教流入戶。

進神得位出公卿。大旺人丁家巨富。天上星辰似織羅。水神三八要相過。水發城門須要會。却似湖裏雁交鵝。水名消息要知音。却向玄空裏面尋。乾坤艮巽先發長。寅申巳亥長伶丁。甲庚丙壬中男發。子午卯酉中男殺。乙辛丁癸小男殭。辰戌丑未少男殃。溝壑明堂定方隅。便從品折審縈紆。四尺五寸爲一步。折取須教向所宜。小神須要入中神。中神流入大神位。三折更上御階去。一舉成名傳萬古。奇貴貪狼並祿馬。三合聯珠貴無價。小神流短大神長。富貴聲名滿天下。申子辰收坤乙壬。寅午戌收艮丙辛。己酉丑聯巽庚癸。亥卯未聯乾甲丁。山與水、須要明此理。水與山、禍福更相關。左行子丑向未場。申酉抵亥左爲陽。右行午巳辰卯寅。向子猴羊右爲陰。二十四山分五行。盡在順逆裏面尋。依此法、不必問納甲。顛顛倒、二十四山有珠寶。逆順行、二十四山有火坑。雌與雄、須令交會合玄空。雄與雌、也向玄空卦內推。合玄空、翻天倒地對不同。用玄空三年大發福無窮。局金龍、經緯陰陽義不同。動不動、只待高人施妙用。

此文雖妙乃有後人將雙山三合加入。眞僞參半。閱者自知。古作不能將己意加減。聽其自然、以待取去。

楊公養老看雌雄。天下諸書對不同。

註曰、雌雄者陰陽之別名、乃不云陰陽而言雌雄者。言陰陽則陰自爲陰、陽自爲陽、疑乎對待之物互顯其情者也、故善言陰陽者必言雌雄。觀雌、則不必更觀其雄、而知必有雄以應之。觀雄、則不必更觀其雌、而知必有雌以配之。天地者、大雌雄也。山川、雌雄中之顯象者也。地有至陰之氣、以招攝天之陽精。天之陽氣日下、交乎地而無形可見。止見其草木百穀春榮秋落、蛟龍蟲豸、升騰蟄藏而已。故聖人制婚姻。男先乎女。亦以陰之所在。陽必求之。山河大地、其可見之形皆陰也。實有不可見之陽以應之。所謂雌雄者也。故地理家不曰地脈而曰龍。神言變化無常、不可以跡求者也。靑囊經所謂陽以相陰、陰以含陽者、此雌雄也。所謂陽本陰、陰育陽者、此雌雄也。所謂陰用陽朝、陽用陰應者、此雌雄也。所謂資陽以昌、用陰以成者、此雌雄也。楊公得靑囊之秘、洞徹陰陽之理。晚年其術益精。以此濟世、卽以此養生。然其中秘密、惟有看雌雄之一法。此外更無他法。夫地理之書、汗牛充棟。獨此一法、不肯筆之於書。先賢口口相傳、間世一出。蓋自管郭以來、古今知者能有幾人。旣非聰明智巧可能推測。又豈宏覽博物所得與聞。會者一言立曉。不知者累牘難明。若欲向書卷中求之、更河漢矣。故曰天下諸書對不同也。曾公安甫、親受楊公之秘。故其所言深切著明如此。彼曾公者、豈欺我哉。

釋義曰、雌雄者、陰陽之別名。天地一大雌雄也。男女亦一大雌雄也。山川亦一大雌雄也。而山川之中有雌雄之顯著者、楊公能觀此、所以天下諸書皆可拋卻矣。

先看金龍動不動。次察血脈認來龍。

註曰、此以下、乃言看雌雄之法也。金龍者、氣之無形者也。龍本非金、而云金龍者、乃乾陽金氣之所生、故曰金龍。動則屬陽。靜則屬陰。氣以動爲生、以靜爲死。生者可用、死者不可用。其動大者、則大用之。其動小者、則小用之。此以龍之消長言之。消長既明、斯可辨其方位矣。血脈卽金龍之血脈。非龍而實龍之所自來。所謂雌雄者也。觀血脈之所自來、卽知龍之所自來矣。察、察其血脈之來自何方也。知血脈之來自何方、卽可認龍之來自何方矣。此楊公看雌雄之祕訣。非世人倒杖步量之死格局也。

俗註辰戌丑未四金惡煞爲金龍者、非。

釋義曰、金龍者、乾天無形之氣也。無形之氣、寓於有形之質而見。如能識其動、即能識地之玄妙矣。次察血脈認來龍者、隨龍之血脈尋之、而後方知金龍之來自何方。

龍分二片陰陽取。水對三叉去認蹤。

註曰、兩片即雌雄。陰在此、則陽必在彼。兩路相交也。三叉即後城門界水合處、必有三叉。細認蹤、即察血脈以認來龍也。知三叉之在何方、則知來龍之屬何脈矣。

俗註以兩片爲左旋右旋、以三叉爲生旺墓非。

釋義曰、龍分二片者、一片屬陰、一片屬陽、兩片實一片。以一面陰、一面陽也。三叉即來脈。城門到頭、即分三叉。須留心細察、故曰去認蹤。

江南龍來江北望。江西龍去望江東。

註曰、此所謂兩片也。金龍本在江南、而所望之氣脈反在江北。金龍本在江西、而所望之氣脈反在江東。蓋以有形之陰質求無形之陽氣也。楊公看雌雄之法、皆從空處爲眞龍。故立其名曰大玄空。雖云兩片、實一片也。俗註江南午丁未坤爲一卦、江北子癸丑艮爲一卦、共一父母。江西申庚酉辛戌乾亥壬爲一卦、江東寅甲卯乙辰巽巳丙爲一卦、共一父母。兩卦之中互相立向者、非。

釋義曰、龍在江北、而陽氣實在江南。龍在江南、而陽氣實在江北。東西亦然。望也者、望氣也。

是以聖人卜河洛。瀍澗二水交華嵩。相其陰陽觀流泉。卜年卜宅始都宮。

註曰、此卽周公卜洛之事、以證地理之道、惟在察血脈認來龍也。聖人作都、不言華嵩之脈絡、而言瀍澗之相交。則知所認之來龍、認之以瀍澗也。又引公劉遷豳、相陰陽觀流泉以合觀之。見聖人作法、千古一揆也。

釋義曰、將周召卜洛之事、以證地理之學所由來者遠也。

晉世景純傳此術。演經立義出玄空。朱雀發源生旺氣。一一講說開愚蒙。

註曰、推原玄空大卦、不始於楊公。蓋郭景純先得青囊之秘、演而立之。直追周公制作之精意者也。乃其義不過欲朱雀發源得生旺之氣耳。來源既得生旺、卽是來龍生旺。而諸福坐致矣。來源若非生旺。而禍不旋踵矣。景純當日、以此開喻愚蒙。其如愚蒙之領會者少也。

俗註龍取生旺之氣於穴中、水取生旺之氣於穴前。又指氣之生旺爲長生帝旺墓庫合三叉者、非。

釋義曰、晉尚書郭景純得此術、著葬經演立此大玄空、其通篇提綱、不過是朱雀發源生旺氣一語耳。

一生二兮二生三。三生萬物是玄關。山管山兮水管水。此是陰陽不待言。

註曰、陰陽之妙用、始於一。有一爻卽有三爻、有一卦卽有三卦。故曰一生二、二生三。此乃天地之玄關、萬物生生之槖籥也。又恐人認山水爲一、而不知辨別。故言山之玄關自管山、而水之玄關自管水。不相混雜。蓋山有山之陰陽、而水有水之陰陽爾。通乎此義、則世之言龍穴砂水者、眞未夢見矣。

俗註生旺墓三合爲玄關者、非。

釋義曰、一不能成萬物。得二爲三、方能成萬物。山爲陰龍、水爲陽龍、因此而山管山、水管水、各有玄關。

識得陰陽玄妙理。知其衰旺生與死。不問坐山與來水。但逢死氣皆無取。

註曰、此節暢言地理之要、只在衰旺生死之辨也。衰旺有運。生死乘時。陰陽玄妙之理、在乎知時而已。坐山有坐山之氣運。來水有來水之氣運。所謂山管山水管水也。二者皆須趨生而避死、從旺而去衰。然欲識得此理、非眞知河洛之祕者不能。豈俗士所傳龍上五行收山、向上五行收水、順逆長生之說、所能按圖而索驥者乎。

釋義曰、識得陰陽玄妙之理、衰旺生死之辨。無論山水、但逢死氣、皆不取矣。

先天羅經十二支。後天再用干與維。八干四維輔支位。子母公孫同此推。

註曰、羅經二十四路已成之跡、人人所知。何煩特舉。此節非言羅經制造之法。蓋將羅經直指雌雄交媾之玄關、以明衰旺生死之作用爾。十二支乃周天列宿之十二次舍。故曰先天。地道法天、雖有十二宮、而位分八卦。每卦三爻、則十二宮不足以盡地之數。故十干取戊己歸中。以爲皇極、而分布八干、爲四正之輔佐。然猶未足卦爻之數。遂以四隅四卦補成三八。於是卦爲之母、而二十四路爲之子焉。卦爲之公、而二十四路爲之孫焉。識得子母公孫、則雌雄之交媾在此。金龍之血脈在此。龍神之衰旺生死亦盡乎此矣。

俗註子寅辰乾丙乙一龍爲公、午申戌坤辛壬二龍爲母、卯巳丑艮庚丁三龍爲子、酉亥未巽癸甲四龍爲孫、非。

釋義曰、羅經之干支四維八卦、均輔助中五太極以爲用。太極爲母。二十四路爲子。須識陰陽交媾在太極卦內。羅經於是乎有用。

二十四山分順逆。共成四十有八局。五行卽在此中分。祖宗卻從陰陽出。陽從左邊團團轉。陰從右路轉相通。有人識得陰陽者。何愁大地不相逢。

註曰、此一節、申言上文未盡之旨也。子母公孫、如何取用。蓋二十四山止應二十四局。而一山之局、又有順逆不同。如有順子一局、卽有逆子一局。一山兩局、豈非四十八局乎。此局得何五行、則龍神得何五行。五行不在此中分乎。然五行之根源宗祖、非取有形可見、有跡可尋之二十四山分五行。乃從玄空大卦雌雄交媾之眞陰眞陽分五行也。論至此、玄空立卦之義、幾乎盡矣。而又恐人不知陰陽爲何物。又重言以申明之曰、如陽從左邊團團轉、則必陰從右路轉相通。言有陰卽有陽、有陽卽有陰。所謂陰陽相見、雌雄交媾、玄空大卦之秘旨也。言左右、則上下四旁皆如是矣。此卽上文龍分兩片、江南龍來江北望之意而反覆言之者也。其奈世人止從形跡上著眼。不能領會元空大卦之妙。故又發歎曰、有人識得此理者、乃識眞陰陽眞五行、眞血脈、眞龍神。隨所指點、皆天機之妙。何愁大地不相逢乎。若不識此、雖大地當前、目迷五色、未有能得其眞者也。

釋義曰、陽從左邊團團轉、陰從右路轉相通。此說須參洛書。便明二十四山一順一逆而成四十八局卽爲雙雙起之法也。

陽山陽向水流陽。執定此說甚荒唐。陰山陰向水流陰。笑殺拘泥都一般。若能勘破個中理。妙用本來同一體。陰陽相見兩爲難。一山一水何足言。

註曰、又言所謂識得陰陽者、乃玄空大卦眞陰眞陽、而非世之所謂淨陰淨陽也。若據淨陰淨陽之說、則陽山必須陽向、而水流陽。陰山必須陰向、而水流陰。時師拘拘於此、而不知實無益也。眞陰眞陽、自有個中之妙。世人不得眞傳、無從勘破耳。若有明師指點、一言之下、立時勘破。則知不但淨陰淨陽不可分。所謂眞陰眞陽者、雖有陰陽之名、而止是一物、又何從分。既知陰陽爲一物、則隨手拈來、無非妙用。山與水爲一體、陰與陽爲一體、二十四山卦氣相通者皆爲一體矣。夫淨陰淨陽者、一山只論一山之陰陽、一水只論一水之陰陽。故拘執有形、不能觸類旁通耳。玄空大卦、一山不論一山之陰陽、而論與此山相見之陰陽。而一水不論一水之陰陽、而論與此水相見之陰陽。所以爲難知難能、而入于微妙之域。此豈淨陰淨陽之說、拘於有形者、所可同日而語哉。

釋義曰、陽山陽向水流陽、陰山陰向水流陰、時師拘執無益。能看破陰中含陽、陽中藏陰、陰卽是山、陽卽是水。只要一山一水相配合。妙用卽在此中出。

二十四山雙雙起。少有時師通此義。五行分布二十四。時師此訣何曾記。

註曰、卽上文二十四山分順逆之義、而重言以歎美之。此雙雙起者、一順一逆、一山兩用、故曰雙雙也。五行分布者、二十四山各自爲五行、不相假借也。雖如此云、而其中實有奧義。惟得祕訣者乃能通之。時師但從書卷中搜索、必不得之數也。於此可見二十四山成格有定。執指南者、人人能言之。而微妙之機、不可測識矣。

俗註乾亥爲一、甲卯爲一、丁未爲一之類釋雙雙起者非。

釋義曰、若明陽從左邊團團轉、陰從右路轉相通。即知其爲四十八局之義矣。

山上龍神不下水。水裏龍神不上山。用此量山與步水。百里江山一晌間。

註曰、此即上文山管山水管水之義、而重言以歎美之、且又以世人之論龍神、但以山之脈絡可尋者爲龍神、即其所用水法、亦以山龍之法、下求乎水、以資其用耳。不知山與水、乃各自有龍神也。特爲指出、以正告天下後世焉。山上龍神、以山爲龍者也。專以山之陰陽五行推順逆生死、而水非所論。水裏龍神、以水爲龍者也。專以水之陰陽五行推順逆生死、而山非所論。剛柔異質、燥濕殊性。分路揚鑣、不相假也。即有山龍而兼得水龍之氣者、亦山自爲山、水自爲水、非可以山之陰陽五行混入乎水之陰陽五行也。山則量山以辨山之純雜長短。水則步水以辨水之純雜長短。得此山水分用之法。百里江山、一覽在目。此青囊之祕訣。亦青囊之捷訣也。嗚呼、此言自曾公安甫剖露以來、於今幾何年矣。而世無一人知者。哀哉。

俗註論山用雙山五行、從地卦查來龍入首。論水用三合五行、從天卦查水神去來者、非。

釋義曰、山上龍神不下水、水裏龍神不上山、卽山管山水管水之義。

更有淨陰淨陽法。前後八尺不宜雜。斜正受來陰陽取。氣乘生旺方無煞。來山起頂須要知。三節四節不須拘。只要龍神得生旺。陰陽却與穴中殊。

註曰、此淨陰淨陽、非陽龍陽向水流陽之淨陰淨陽也。蓋龍脈只從一卦來、則謂之淨。若雜他卦、卽謂之不淨。而辨淨與不淨、尤在貼身一節、或從前來、或從後至、須極淸純、不得混雜。八尺、言其最近也。言此尤爲扼要。所謂血脈也。一節以後、則少寬矣。此節須純乎龍運生旺之氣。若一雜他氣、卽是煞氣。吉中有凶矣。來水如此、來山亦然。須審其起頂出脈結穴一二節之近、要得龍神生旺之氣。蓋龍頂上聚、受氣廣博、能操禍福之柄。卽或直來側受之穴。結穴之處、與來脈不同。而小不勝大、可無虞也。此以知山上龍神、水裏龍神、皆以來脈求生旺。而尤重在到頭一節。學者不可不愼也。

俗註以左轉右轉順逆爲陰陽者、非。

釋義曰、淨陰淨陽前後八尺不雜、卽是貼身來脈不雜。來山起頂、卽是少祖。少祖龍神、須要生旺。

天上星辰似羅織。水交三八要相過。水法城門須要會。却如湖裏雁交鵝。

註曰、此以天象之經緯、喻水法之交會也。列宿分布周天、而無七政以交錯其中、則乾道不成、而四時失紀矣。幹水流行地中、而無支流以界割其際、則地氣不收、而立穴無據矣。故二十四山之水、其間必有交道相過、然後血脈眞而金龍動。大幹小枝、兩水相會、合成三叉而出。所謂城門者是也。湖裏雁交鵝、言一水從左來、一水從右來、兩水相遇、如鵝雁之一往一來也。詳言水龍審脈之法、而立穴之妙在其中矣。

釋義曰、天上星辰、以喻水法之交會。三八卽一生一成。雁鵝卽一大一小、一往一來也。

富貴貧賤在水神。水是山家血脈精。山靜水動晝夜定。水主財祿山人丁。乾坤艮巽號御街。四大尊神在內排。生剋須憑五行布。要識天機玄妙處。乾坤艮巽水長流。吉神先入家豪富。

註曰、乾坤艮巽各有衰旺生死、非可槪用、須用五行辨其生剋。生卽生旺、剋卽衰死。生爲吉神、死爲凶神。要在玄空大卦。故云天機玄妙處也。

釋義曰、山靜水動。山主骨、水主血。山主人丁、水主財祿。乾坤艮巽卽是大幹。四大尊神卽是四大水口也。各有衰旺生死。須用五行辨其生剋。以生爲吉。

請驗一家舊日墳。十墳埋下九墳貧。惟有一墳能發福。去水來山盡合情。

釋義曰、十墳九貧、惟一墳能發、發者在那些子卦內耳。在那些子中、自然來山去水均皆合情。其餘均在些子之外者、安能發福也。

宗廟本是陰陽玄。得四失六難爲全。三才六建雖爲妙。得三失五盡爲偏。蓋因一行擾外國。遂把五行顚倒編。以訛傳訛竟不明。所以禍福爲胡亂。

註曰、此節旁引世俗五行之謬、以見地理之道、惟有玄空大卦看雌雄之法。所以尊師傳、戒後學也。蓋唐以後諸家五行雜亂而出。將以擾外國、而反以禍中華、至今以訛傳訛、流毒萬世、曾公所以辨之深切也歟。

釋義曰、宗廟五行、唐一行禪師所造。欲擾外國、遂將五行顚倒編之。禍福既亂、反禍中華。得三失五、得四失六、謂非盡善也。

青囊奧語

案此篇與前青囊序、本爲一篇、說已見前。淸姜垚汝皐爲之注。起處曾附數言云、楊公得青囊正訣、約其旨爲奧語。以玄空之理氣、用五行之星體。而高山平地之作法、已該括於其中。然非得眞傳口訣者、索之章句之末。終不能辨。謂之奧語。誠哉其奧語也。姜氏未見青囊奧旨、故有此言。其中雖多宋已後人之語。未必定爲楊公所撰。然理則眞確。不可因噎而廢食也。

坤壬乙、巨門從頭出。艮丙辛、位位是破軍。巽辰亥、盡是武曲位。甲癸申、貪狼一路行。

註曰、挨星五行、卽九星五行也。貪巨祿文廉武破輔弼、一一挨去、故曰挨星。玄空大卦五行、亦卽挨星五行。名異而實同者也。此五行、原本洛書九氣、而上應北斗、主宰天地化育之道。斡維元運、萬古而不能外也。此九星與八宮掌訣九星不同。唐使僧一行作卦例以擾外國、專取貪巨武爲三吉。其實非也。夫九星乃七政之根源。八卦乃乾坤之法象。皆天寶地符精華妙氣。顧於其中分彼此、比優劣眞庸愚之識、詭怪之談矣。止是天地流行之妙、與時相合者吉、與時相背者凶。故九星八卦、本無不吉、而有時乎吉。本無有凶、而有時乎凶。所以其中有趨有避。眞機妙用、全須祕密耳。眞知九星者、豈惟貪巨武爲三吉。卽破祿廉文輔弼五凶、亦有吉時。眞知八卦者、豈惟坎離乾坤四陽卦爲凶。卽震巽兌艮四陰卦、亦有凶時。斯得玄空大卦之眞訣矣。奧語首揭此章、乃挨星大卦之條例。坤壬乙非盡巨門、而與巨門爲一例。艮丙辛非盡破軍、而與破軍爲一例。巽辰亥非盡武曲、而與武曲爲一例。甲癸申非盡貪狼、而與貪狼爲一例。其中隱然有挨星口訣。必待眞傳人可推測而得若舊註以坤壬乙三干從申子辰三合爲水局、故曰文曲。艮丙辛天干從寅午戌三合爲火局、故曰廉貞之類、謬矣。又有云長生爲貪狼、臨官爲巨門、帝旺爲武曲、亦謬。

釋義曰、坤壬乙、艮丙辛、巽辰亥、甲癸申、卽是三吉水。蔣氏所重不過一二三、七八九、四四六、六六四、與奇門丁丙乙三奇水相合、亦是地學之所要。

左爲陽、子癸至亥壬。右爲陰、午丁至巳丙。

註曰、此節言大五行陰陽交媾之例。如陽在子癸至亥壬、則陰必在午丁至巳丙矣。自子至壬、自午至丙、路路有陽、路路有陰。以此爲例、須人自悟也。非拘定左邊爲陽、右邊爲陰。若陰在左邊、則陽必在右邊矣。亦可云左右、亦可云東西、亦可云前後、亦可云南北、皆不定之位。雌雄交媾、非有死法、故曰玄空。舊註自子丑至戌亥、左旋爲陽。自午至申未、右旋爲陰、亦謬矣。

釋義曰、陽從左邊團團轉、陰從右路轉相通之雌雄交媾而已。

雌與雄、交會合玄空。雄與雌、玄空卦內推。

註曰、玄空之義、見於曾序江南節註。

釋義曰、在玄空大卦之中有雌雄交媾之妙。可推知之。

山與水、須要明此理。水與山、禍福盡相關。

註曰、山有山之卦氣、水有水之卦氣、脫不得陰陽交媾之理。山有山之禍福、水有水之禍福。有山禍而水福、有山福而水禍、有山水皆福、有山水皆禍。互相關涉、品配爲用。

釋義曰、須明此理、明山水交媾之理也。禍與福、在山水上着眼而斷之。

明玄空、只在五行中。知此法、不須尋納甲。

註曰、九星五行大卦之法、只明玄空二字之義、則衰旺生死、瞭然指掌之間。

不必尋乾納甲、坤納乙、巽納辛、艮納丙、兌納丁、震納庚、離納壬、坎納癸、之天父地母一行所造之卦例矣。
釋義曰、須明先後天九星五行大卦玄空之妙。納甲之法、不須尋也。
顛顛倒、二十四山有珠寶。順逆行、二十四山有火坑、
註曰、顛倒順逆、皆言陰陽交媾之妙。二十四山、陰陽不一、吉凶無定。合生旺則吉。逢衰敗則凶。山山皆有珠寶。山山皆有火坑。毫釐千里、間不容髮。非眞得靑囊之祕、何以能辨之乎。
釋義曰、顛顛倒二十四山有珠寶順逆行二十四山有火坑二句、元陳致虛曾引之用於丹訣。意取相通耳。其實顛顛倒、卽是陰陽相見。陰陽相見、二十四山自有珠寶。順逆行。卽是陰陽相乘。陰陽相乘、二十四山自有火坑。
認金龍、一經一緯義不窮。動不動、直待高人施妙用。

註曰、易云乾爲龍。乾屬金、乃指先天眞陽之氣、無形可見者也。地理取義於龍、正謂此耳。一經一緯、即陰陽交媾之妙。金龍之經緯、隨處而有。而動與不動、去取分焉。必其龍之動、而後妙用出焉。若不動者、不可用也。金龍既屬無形、從何可認。認得動處、即知用法。所以有待高人也歟。

釋義曰、能認金龍之經緯、即知其交媾。金龍之動不動、若天地安排於其處而待高人之去取者。

第一義、要識龍身行與止。第二言、來脈明堂不可偏。第三法、傳送功曹不高壓。第四奇、明堂十字有玄微。第五妙、前後青龍兩相照。第六祕、八國城門鎖正氣。第七奧、要向天心尋十道。第八裁、屈曲流神認去來。第九神、任他平地與青雲。第十眞、若有一缺非眞情。

註曰、上節言金龍之動不動。而此節緊頂龍身行與止。學者不可忽也。蓋有動則有止。不動則雖有金龍、只是行龍、原無止氣。故高人妙用、以此爲第一。有此一著、然後其餘作法可次第而及也。來脈明堂不可偏、非謂明堂必與來脈直對、不可偏側也。若如所云、則子龍必作午向、亥龍必作巳向矣。來脈結穴、變化不一。有直結者、有橫結者、有側結者。豈可執一。楊公之意、蓋謂來脈自有來脈之受氣、明堂自有明堂之受氣、二者須各乘生旺、兼而收之、不可偏廢也。傳送功曹、乃左右護龍星辰、蓋眞龍起頂、必高於護砂、乃爲正結。若左右二星反壓本山、非龍體之正矣。平地亦然。貼身左右、有高地掩蔽陽和、房分不均。俗術所不覺也。十字玄微、乃裁穴定向之法。雖云明堂、實從穴星內看十字。明此十字、則穴之上下左右向之偏正饒減、盡於此矣。其云玄微、誠哉其玄微也歟。前後靑龍兩相照、從案托龍虎定穴法者、此義易知。八國、城也。八國有不滿之處、是曰城門。蓋城門通正氣之出入、而八國鎖之。之觀其鎖定之方便、知是何卦之正氣、以測生旺而定吉凶也。故曰祕。天心十道、緊項八國城門而來。蓋城門既定、正氣之來蹤、又當於穴內分清十道、乃知入穴正氣廣狹輕重銖兩平衡之辨。故曰奧。此兩節專言入穴正氣。非論形勢也。不然、則與明堂十字、前後青龍、兩條不幾於複乎。屈曲流神、已是合格之地。然有此卦來則吉、彼卦來則凶者。概以屈曲而用之、誤矣。須有裁度、乃可變通取用。故曰裁。以上皆審氣之眞訣、至微至渺者。一著不到、將有滲漏而失眞情矣。平地高山、總無二法。上八句各是一義。末二句不過叮嚀以囑之。語氣湊拍、借成十節耳。

釋義曰、此十節中以第一節爲最要。蓋識得龍之行止、可以於其止處覓穴。再以餘節一一按實、則穴的矣。此卽所謂高人施妙用也。

明倒杖、卦坐陰陽何必想。

註曰、此以下二節專指山龍穴法與平地無涉。因世人拘執淨陰淨陽之說、故一語破之。倒杖非必如俗傳十二倒杖法。此後人僞造也。只接脈二字、足盡倒杖之眞訣。既知接脈、便知看穴。既得眞穴、便有眞向。自然之陰陽已得、又何必淨陰淨陽之拘拘哉。

釋義曰、卽是接脈用向之法。

識掌模、太極分明必有圖。

註曰、山龍眞穴、必有太極暈藏於地中。此暈變化不同、而其理則一。非道眼、孰能剖露哉。

釋義曰、掌模者、如手掌之模型也。識得都天大卦、方可尋得地中之太極暈。

知化氣、生剋制化須熟記。

註曰、生旺之氣爲生。衰敗之氣爲剋。扶生旺之氣、勝衰敗之氣、是謂制化。此一節、兼平地而言。

釋義曰、生剋制化如何、則化氣如何。熟記之、庶幾可用其生旺、去其衰剋。

說五星方圓尖秀要分明。曉高低星峯須辨得玄微。鬼與曜、生死去來眞要妙。

註曰、此三節、皆論山龍形體。不須另解。鬼曜之生死去來、是辨龍穴之要著也。龍之轉結者、背後必有鬼。有穴星如許長而鬼亦如許長者。俗眼難辨、有反在鬼上求穴者。不知穴星是來脈爲生、鬼身是去脈爲死。察其去來、而眞僞立辨矣。盡龍左右龍虎都生曜氣、向外反張、有似乎砂之飛走者。此眞氣有餘、直衝上前、而餘氣帶轉、如人當風振臂、衣袖飄揚反向後也。在眞龍正穴、則爲曜氣。在無穴之地、則爲砂飛。此其辨在龍穴、而不在砂也。

釋義曰、識五星之方圓尖秀、要辨太祖少祖之星峯。其峯須要高而特異、爲一方之主宰。然後再認官鬼禽曜生死去來之玄妙。

向放水、生旺有吉休囚否。

註曰、向中放水、世人莫不以來水特朝爲至吉、去水元辰走泄爲至凶。殊不知向上之水、不論來去、若合生旺、則來固吉、去亦吉。若逢休囚、則去固凶、來亦凶。楊公因向上之水關係尤緊、其說最能誤人、故特辨之。

釋義曰、水不論去來、均要陰陽和平、與向相合。

二十四山分五行。知得榮枯死與生。翻天倒地對不同。其中祕密在玄空。認龍立穴要分明。在人仔細辨天心。天心既辨穴何難。但把向中放水看。從外生入名爲進。定知財寶積如山。從內生出名爲退。家內錢財皆廢盡。生入剋入名爲旺。子孫高官盡富貴。

註曰、玄空大卦之妙、祇翻天倒地對不同七字。二十四山既分定五行、則榮枯生死宜有一定矣。及其入用、有用於此時則吉、用於彼時則凶者。時之對不同者、其一也。有用之此處則吉、用之彼處則凶者。物之對不同者、又其一也。此其祕密之理、非傳心不可。天心卽上文第七奧之天心。另有辨法、非時師所謂天心十道也。若如時師之說、又何用仔細邪。天心旣辨、則穴中正氣已定。而撓其權者、在向中所放之水也。從外生入、從內生出、此言穴中所向之氣也。我居於衰敗、而受外來生旺之氣。所謂從外生入也。我居於生旺、而受外來衰敗之氣、似乎我反生之、故云從內生出也。此言穴中所向之氣。穴中旣有生入之氣矣、而水又在衰敗之方、則水來剋我、適所以生我也。內外之氣、一生一剋、皆成生旺。兩美相合。諸福畢臻。所以高官富貴、有異於常也。此其中正有對不同者存焉。舊註所云小玄空水生向剋向爲進神、向生水剋水爲退神、非是。靑囊豈有兩玄空五行邪。

釋義曰、二十四山既分定五行。榮枯生死、宜有一定。然尚未可必。須要合時令。再要仔細辨天心之陰多陽少、陽多陰少、棄死挨生。再將向口立正、要與朱雀相合。水在令神、方可榮枯生死一定耳。

脈息生旺要知因。龍歇脈寒災禍侵。縱有他山來救助。空勞祿馬護龍行。

註曰、此下二節、總一篇之意。言先尋龍脈以定穴之有無。次論九星以辨氣之吉凶也。此一節、先言形體。而以來龍之脈息爲重、外砂之護夾爲輕。

釋義曰、脈息要生旺。如脫龍脈、失穴氣。雖有他山護衛、亦屬無用。

勸君再把星辰辨。吉凶禍福如神見。識得此篇眞妙微。又見郭璞再出現。

註曰、此一節、乃言卦氣。而以九星大五行爲主。言如上節所云、雖得來龍脈息之眞穴、而吉凶禍福尚未能取必。勸君再把挨星訣法、細審衰旺生死、而後可趨吉而避凶、轉禍而爲福。一篇之旨、不過如此。苟能識得微妙、前賢與後賢一般見識、一般作用。靑囊二卷、更無餘義矣。
總論曰、楊公此篇、先言玄空大卦、挨星五行。即靑囊經上卷陽生於陰之義、而下卷理寓於氣之妙用也、其言倒杖、太極暈、五星脈息、即靑囊經中卷形止氣蓄之義、而下卷氣囿於形之妙用也。一形一氣、括盡靑囊之旨。而究其元機正訣、如環無端、不可捉摸。謂之曰奧語、宜哉。
釋義曰、言能點正穴心、立正向口。再將左右前後星辰細辨禍福、使絲毫無訛。則宛如郭璞重生也。

天玉經

唐楊益筠松撰。益唐寶州人。字叔茂。僖宗朝爲國師。官至金紫光祿大夫。掌靈臺地理事。黃巢破京城。乃斷髮入崑崙山步龍。後至虔州。以地理術行世、號救貧先生。有疑龍、撼龍、立錐賦、青囊三十六龍等書。此天玉、亦其一也。淸蔣平階大鴻爲傳。經文僅有內傳、分爲三篇。未見有外傳也。

內傳上

案此以本經分爲三篇、名內傳上中下。非分楊氏之傳也。

江東一卦從來吉、八神四箇一。江西一卦排龍位、八神四個二。南北八神共一卦、端的應無差。

傳曰、天玉內傳、卽靑囊奧語挨星五行玄空大卦之理。楊公妙用、止有一法、更無二門。此乃反覆其詞、以授曾公安甫者也。江南江北、江東江西、曾序已先下註脚矣。但南北東西、應有四卦。而此云三卦者、緣玄空五行八卦排來、止有三卦故也。江東一卦者、卦起於西、所謂江西龍去望江東、故曰江東也。八神卽八卦之中經四位而起父母、故曰八神。四個、言八神之歷四位也。一者、此一卦只管一卦之事、不能兼通他卦也。江西一卦者、卦起於東、反而言之、卽謂江東龍去望江西亦可、故曰江西也。亦於八卦之中、經四位而起父母、故亦曰八神四個。二者、此一卦兼管二卦之事、而不能全收三卦也。此如坎至巽、乃第四位、巽至兌亦第四位、八卦之中各經四卦、故曰八神四個也。南北八神者、乃江北一卦。所謂江南龍來江北望也。不云四個者、此卦突然自起、不經位數。與東西兩卦不同也。八神共一卦者。此卦包含三卦、總該八神。又非八神四個二之比也。夫此東西南北三卦、有一卦止得一卦之用者、有一卦兼得二卦之用者、有一卦盡得三卦之用者。此謂玄空大卦祕密寶藏。非眞傳正授、斷不能洞悉其妙者也。

俗註寅至丙爲東卦、申至壬爲西卦、午至坤爲南卦、子至艮爲北卦、非。

釋義曰、江東一卦從來吉八神四個一、卽是旁結。其卦一四七。此卦止管一卦之事。江西一卦亦是旁結。然比江東略勝。其卦三六九。此卦可管二卦之事。南北八神共一卦者、此卦特然自起、卽二五八中卦。此卦一卦可管三卦之事。卽爲正幹龍。魄力洪大、非左右二卦所可及者。夫此一卦、豈徒二五八而已。實能臨制四方。故曰南北八神共一卦也。

二十四龍管三卦、莫與時師話。忽然知得便通仙、代代鼓駢闐。

傳曰、二十四龍、本是八卦。而八卦又分三卦。此玄空之祕、必須口傳。

俗註丙本南離而反屬東卦、壬本北坎而反屬西卦、牽強支離、悖理之極。且云四個一者、寅辰丙乙四個在一龍、四個二者、申戌壬辛四個在二龍。又屬無謂。

釋義曰、二十四龍管三卦、卽是二五八、三六九、一四七三卦耳。

天卦江東掌上尋、知了値千金。地畫八卦誰能會、山與水相對。

傳曰、天地東西南北、皆對待之名。所謂陰陽交媾、玄空大卦之妙用也。此節方將山與水相對一言、略指一班。漏洩春光矣。非分天卦於江東、分山水相對於地卦也。若以辭害志、分別支離、卽同癡人說夢矣。

俗註天卦地支從天干以向論水神旺墓、地卦天干從地支以龍論山水生死、可笑。

釋義曰、東西南北、皆對待之別名。卽雌雄交媾之妙用也。掌上尋、卽上文之識掌模是也。地畫八卦、卽雌雄之顯象者也。

父母陰陽仔細尋、前後相兼定。前後相兼兩路看、分定兩邊安。

傳曰、卦有卦之父母、爻有爻之父母、皆陰陽交媾之妙理。此節前後、指卦爻而言。一卦之中爲父母。卦前卦後、偏旁兩路、卽爲子息。若不仔細審察、恐於父母之胎元不眞、而陰陽有差錯矣。

俗註以前兼後爲天卦屬向首、後兼前爲地卦屬龍家、爲兩邊者、非。

釋義曰、父母陰陽、須仔細審定、不可忽略。一有錯訛、卽胎元不眞、前後左右陰陽皆差矣。

卦內八卦不出位、代代人尊貴。向水流歸一路行、到處有聲名。龍行出卦無官貴、不用勞心力。祇把天醫福德裝、未解見榮光。

傳曰、八卦之內有三卦、在三卦之內、則爲不出卦而吉。三卦之外、卽爲出卦而凶。向須卦內之向、水須卦內之水。二者皆歸本卦、則全美矣。天醫卽巨門、福德卽武曲。此乃一行所造小遊年卦例、以溷挨星之眞者也。蓋謂世人誤認卦例爲九星五行、必不能獲福也。

釋義曰、卦內八卦不出位、卽不出太極暈之位。葬之可以代代人尊貴。然須向水流歸一路。不可駁雜。方能到處有聲名耳。

倒排父母蔭龍位、山向同流水。十二陰陽一路排、總是卦中來。

傳曰、倒排父母卽顚顚倒之義。陰陽交媾、皆倒排之法。山向與水神、必倒排以定陰陽。十二陰陽、卽備二十四山之理。言雖有二十四位陰陽、總不脫八卦爲父母也。

釋義曰、倒排父母卽顚顚倒之義。總歸一逆字而已。

關天關地定雌雄、富貴此中逢。翻天倒地對不同、祕密在玄空。

傳曰、雌雄交媾之所。乃天地之關竅。知其關竅、而后交媾可定也。江南龍來江北望、江西龍去望江東、此爲翻天倒地。已註奧語註中。

俗註以辰戌丑未爲關天關地、非。

釋義曰、關天關地、卽察天察地。翻天倒地對不同、卽是陰陽交媾之妙用。

三陽水向盡源流、富貴永無休。三陽六秀二神當、立見入朝堂。

傳曰、三陽者、丙午丁也。天玉青囊、旣重挨星生旺矣。而此節提出三陽、別有深意。非筆舌所能道。六秀者、本卦之二爻、故曰二神。天玉以卦之父母爲三吉、以卦之子息爲六秀。

俗註艮丙巽辛兌丁爲六秀、非。

釋義曰、三陽水、卽丙午丁也。三陽六秀、卽是丙艮辛之九八七干支相合者爲三吉六秀水而已。二神卽向上之二神。

水到御街官便至、神童狀元出。印綬若然居水口、御街近台輔。鼕鼕鼓角隨流水、豔豔紅旆貴。

傳曰、鼓角紅旆皆以形象言。
俗註乾坤艮巽爲御街、長生前一位爲鼓角、後二位爲紅旆、非。
釋義曰、御街水、卽是面前屈曲之來水。以其正齊、故謂街也。印綬言羅星。
再居水口、其地必貴。
上按三才幷六建、排定陰陽算。下按玉輦捍門流、龍去要回頭。
傳曰、三才卽三吉、六建卽六秀。此節上二句論方位、故須排定陰陽。下二句
論形勢、玉輦捍門、皆指去水、須纏身兜抱、故謂之曰回頭也。
俗註以長生諸位爲六建、及玉輦捍門俱就方位言者、非。
釋義曰、去水回頭則有情、而去水無異乎來水矣。三才六建卽是上節三
吉六秀也。
六建分明號六龍、名姓達天聰。正山正向流支上、寡夭遭刑杖。

傳曰、下二句緊接上二句而言水之取六建、是矣。然卦之山向、在四隅卦中、則用本卦支神之六建。在四正卦中、又當用本卦干神之六建。若卦取正山正向、而水又流他卦之支上。是陰差陽錯、而必有寡夭刑杖之憂矣。舉四正卦、而四隅不辨自明矣。此節以下、專辨干支零正、陰陽純雜、毫釐千里之微也。

釋義曰、正山正向流支上、而有寡夭刑杖之憂者、以其雜也。

共路兩神爲夫婦、認取眞神路。仙人祕密定陰陽、便是正龍岡。

傳曰、共路兩神、卽一干一支也。一干一支、皆可爲夫婦。然有眞夫婦、有假夫婦。眞夫婦爲正龍、假夫婦卽非正龍矣。如巽巳爲眞夫婦。丙午亦眞夫婦。若巳丙則不得爲眞夫婦矣。其他倣此。

釋義曰、認取眞神路者、夫婦之間一陰一陽一干一支而來、其交會處、便是眞神路。

陰陽二字看零正、坐向須知病。若遇正神正位裝、發水入零堂。零堂正向須知好、認取來山腦。水上排龍點位裝、積粟萬餘倉。

傳曰、靑囊天玉、蓋以卦內生旺之位爲正神、以出卦衰敗之位爲零神。故陰陽交媾、全在零正二字。零正不明、生旺必有病矣。若知其故、而以正神裝在向上爲生入、而以零神裝在水上爲剋入、則零堂正向豈不兼收其妙乎。向水既妙、而水山之腦未必與坐向相合。又當認取果來山又與坐向同在卦內、則來脈又合。非但一向之旺氣而已。惟水亦然。蓋山有來山之腦、而水亦有來水之源。水龍卽是山龍。亦須節節排去、點位裝成。果能步步零神、則水之來脈與水之入口同一氣。山之坐向、與山之來脈同一氣。斯零正二途、別無間雜。而爲大地無疑矣。

釋義曰、零正卽衰旺。衰旺不明、立向無據。但此零正、可謂衰旺、可謂順逆、可謂大小、可謂曲直。

正神百步始成龍、水短便遭凶。零神不問長和短、吉凶不同斷。

傳曰、此承上文而言。正神正位裝向固吉矣。然其向中來氣、須深遠悠長、而后成龍。若然短淺、則氣不聚、難以致福。至於水、則不然。一遇正神、雖一節二節、其煞立應矣。其零神之長短、又與正神有異。使零神而在水、雖短亦吉。若零神而在向、雖短亦凶。是零神之吉凶、在水向之分、而不係乎長短也。

釋義曰、正神卽來龍。旺氣須要深長、不可短淺。深長則悠久。短淺不取也。

父母排來到子息、須去認生剋。水上排龍點位分、兄弟更子孫。

傳曰、亦承上文排龍而言。卦之中氣爲父母。卦之二爻爲子息。而本宮他卦之父母爲兄弟。上二句言山上排龍。下二句言水上排龍。山上排龍、從父母排到子息、總是一卦、則卦氣純矣。然須認其卦之生剋。若得卦之生氣、則純乎吉。若得卦之剋氣、則純乎凶矣。豈可以其卦之純一、而遂謂吉哉。山上排龍、來脈一路、大都只在一卦之內。至於水上排龍、則不然。水有一路來者、亦有兩三路來者。故須照位分開、而不能拘一卦之父母。只要旁來之水亦在父母一氣之卦、謂之兄弟。兄弟卦內又有子孫。雖非一父母、而總是一家骨肉。來路雖多、不害其爲吉也。凶者反是。

釋義曰、山上排龍、從父母倒排到子息、須歸一路、認其生剋、生則生旺、剋則衰死。要卦氣無傷。水則不然。豈能拘於一路。雖然數路、只要卦氣相通者、卽爲兄弟。不害其爲吉也。

二十四山分兩路、認取五行主。龍中交戰水中裝、便是正龍傷。前面若無凶交破、莫斷爲凶禍。凶星看在何公位、仔細認蹤由。

傳曰、此一節專指卦之差錯者而言。兩路者、陰陽生死也。二十四山每山皆有兩路。非分開二十四山歸兩路也。兩路之中、須認取五行之所主。五行所主、貴在清純。若龍中所受之氣既不清純。而吉凶交戰矣。倘能以水之清純者救之。庶龍氣遇水而制伏、而交戰之凶威可殺。奈何又將龍中交戰之卦裝入水中。則生氣之雜出者、不能爲福。而死氣之雜出者、適足爲禍。正龍有不受其傷者乎。然水之差錯、其力足以相勝。吉多者吉勝凶。凶多者凶勝吉。入口雖然交戰、而來水源頭若無凶星變破、則氣猶兩平。雖不致福、亦未可據斷爲凶禍。且凶星之應、亦有公位之分。吉凶雙到之局、只看某房受著、便於此房斷其有禍。不受著者、亦不應也。非如純凶不雜之水、房房受其殃禍之比。故其蹤又當仔細認云。

釋義曰、二路卽四三二一爲一路、九八七六爲一路。如將與向不合之卦裝入水中、卽是交戰。如無凶殺破碎、則莫斷凶禍。再看交戰之水在何公位、卽某房相應。決無房房受禍之理也。

先定來山後定向、聯珠不相妨。須知細覓五行蹤、富貴結全龍。

傳曰、此節單指山上龍神而言。青囊天玉原以來山所受之氣、與向上所受之氣、分爲兩局。然兩局又非截然兩路。故云聯珠不相妨。此不可約略求之者也。須當細覓蹤跡。若是富貴悠久之地、必然來山是此卦、而向首亦是此卦。一氣清純、方得謂之全龍耳。

釋義曰、先定來山之五行、水上之五行。然後再定向上之五行。山水向同卦、方爲全美。

五行若然翻値向、百年子孫旺。陰陽配合亦同論、富貴此中尋。

傳曰、此節亦上二句言山上龍神、下二句言水裏龍神。五行翻値向者、五行之旺氣値向也。翻卽翻天倒地之翻。言生旺氣翻從向上生入也。山管人丁、故云百年子孫旺。而富貴亦在其中矣。陰陽配合、水來配合也。亦與向上之氣同論。但用法有殊耳。水管財祿、故云富貴此中尋。而子孫亦在其中矣。

釋義曰、五行翻値向者、五行之旺氣、從向上翻入也。與囘龍顧祖之意略相同。

東西父母三般卦、算値千金價。二十四路出高官、緋紫入長安。父母不是未爲好、無官則豪富。

傳曰、此節發明用卦之理。重卦體而輕爻、重父母而輕子息。蓋同一生旺、而力量懸殊也。言東西而南北在其中矣。青囊天玉之祕、只有三般卦訣。若二十四路不出三般之內、則貴顯何疑。然卦內又當問其是卦之父母否。高官緋紫、必是父母之氣源大流長。所以貴耳。若非父母、而但乘爻神子息之旺。

則得氣淺薄、僅可豪富而已。

釋義曰、眞龍正幹、父母力量方重。若偏枝旁結、雖發不久。

父母排來分左右、向首分休咎。雙山雙向水零神、富貴永無貧。若遇正神須敗絕、五行當分別。隔向一神仲子當、千萬細推詳。

傳曰、亦承上文用卦須父母而言。父母排來、要排來山之龍脈也。來山屈曲、必不能盡屬父母。兼看左右兩爻子息若何。若子息清純不雜、又須向首所受之氣逢生旺、則休。逢衰敗則咎。雙山雙向、卦氣錯雜。須得水之外氣悉屬零神剋入相助。則雙山雙向爲水神所制伏、而富貴可期矣。萬一水路又屬正神。則生出剋入兩路皆空而敗絕不能免矣。公位之說、乃因洛書八卦震兌坎離而定孟仲季三子之位。隔向一神、猶在離卦之內。故云仲子。天玉略露一斑、以爲分房取驗之矩矱。言仲、而孟季可類推矣。

釋義曰、一卦之中、以向爲主。休咎在向上分別。若遇正神之水對面直冲、
卽仲子所當。

若行公位看順逆、接得方奇特。宮位若來見逆龍、男女失其蹤。

傳曰、承上文仲子一神而概言公位之說、順則生旺、逆則死絕。然不云生死、
而云順逆者、若論山上龍神、則以生氣爲順、死氣爲逆。若論水裏龍神、則又
以死氣爲順、生氣爲逆故也。

釋義曰、屈曲囘繞、端秀開陽爲順。硬直死頑、欹斜陰飽爲逆。

更看父母下三吉、三般卦第一。

傳曰、通篇皆明父母三般卦理、反覆詳盡矣。終篇復申言之、若曰千言萬語、
只有此一事而已。無復他說矣。蓋致其叮嚀反復之意云。

釋義曰、卽上文江東一卦、江西一卦、南北八神共一卦之三般卦。

內傳中

二十四山起八宮、貪巨武輔雄。四邊盡是逃亡穴、下後令人絕。

傳曰、此節反言以見旨、興起下文之意。言一行所作小游年卦例、以二十四山起八宮、而取貪巨武輔爲四吉。若其說果是、則宜乎隨手下穴皆吉地矣。何以四邊盡是逃亡穴下後反令人敗絕哉。則知卦例不足信、而別有眞機、如下文所云也。

釋義曰、不識玄空大卦。而以游年卦例下葬、則敗絕不能免矣。

惟有挨星爲最貴、洩漏天機祕。天機若然安在內、家活當富貴。天機若然安在外、家活漸退敗。五星配出九星名、天下任橫行。

傳曰、緊接上文。卦例既不可用、惟有挨星玄空大五行、乃爲陰陽之最貴者。天機祕密、不可流傳於世。但可偶一洩漏而已。安在內、不出三般卦之內也。

安在外、出三般卦之外。出卦不出卦、福禍迴分。安得不貴耶。夫挨星五行、非如游年卦例。但取四吉而已。蓋八卦五行、配出九星、上應斗杓。知九星之作用、便可横行於天下、無不響應矣。卦例云乎哉。

釋義曰、惟有挨星大五行最貴。然天機須安在卦中。若出卦外、便無用矣。

干維乾艮巽坤壬、陽順星辰輪。支神坎離震兌癸、陰卦逆行取。分定陰陽歸兩路、順逆推排去。知生知死亦知貧、留取教兒孫。

傳曰、此節分出玄空大卦干支定位、以足前篇父母子息之義。四維之卦、以天干爲主者也。干維曰陽、四正之卦以地支爲主者也。地支曰陰。此陰陽、非交媾之陰陽也。知卦之所主、則父母子息不問而自明也。其陰陽兩路、每一卦中皆有陰陽兩路可分。非將八卦分爲兩路、何者屬陰、何者屬陽也。其順逆推排、即陰陽兩路分定之法。非乾艮巽坤爲陽順、坎震離兌爲陰逆。若如此分輪、則皆順也。何云逆乎。至於四卦之末、各綴一字、曰壬曰癸。、此又挨星祕中之祕、可以心傳、而不以顯言者也。

釋義曰、乾坤艮巽壬、陽順。坎震離兌癸、陰逆。惟乾坤艮巽四維之大干、而壬亦是干神。坎震離兌乃是四正之支神、而下綴一癸字、癸亦是干神。此實是所藏之暗謎也。今不忌造物罪我、將此暗謎註明。夫乾坤艮巽、乃是四大幹神。四大水口、亦附於四字之中。壬水是陽水、均望大處順流而去。譬如人之膀胱水、均從小便而出、故順。坎震離兌、即是小支浜河界插之水。癸水屬陰、此水在地、即名元神水。在人即是腎家之精血、故逆。如癸水一順、其地則無氣。在人則遺精便血、其人不久即死矣。此中奧妙、如是如是。

天地父母三般卦、時師未曾話。玄空大卦神仙說、本是此經訣。不識宗枝但亂傳、開口莫胡言若還不信此經文、但覆古人墳。

傳曰、曰天地、曰東西、曰父母、曰玄空、曰挨星、異名而同實。若於字義屑屑分疏、則支離矣。此節蓋恐學者得傳之後、以爲太易而輕忽之。故極言贊美、以鄭重其辭。非別有他義也。說到覆古人墳是徵信實着。予得傳以來、洞徹玄空之理。今故註此經文、駁前人之謬、直捷了當、略無畏縮。皆取信於覆古人墳。蓋驗之已往、證之將來、深信其一毫之無誤。自許心契古人、而可以告無罪於萬世也。

釋義曰、天地父母三般卦、卽天地山水男女各一父母也。若在干支上分尋父母、卽是不識宗枝。能知此三大父母、卽能識陰陽交媾之父母矣。

分却東西兩個卦、會者傳天下。學取仙人經一宗、切莫亂談空。五行山下問來由、入首便知蹤。

傳曰、此亦叮嚀告戒之語。而歸重於入首。蓋入首一節、初年立應。尤不可不愼也。

釋義曰、東西二卦、卽一來一往。亦可算一二三四、九八七六。不得眞傳、切莫亂談。總在五行山下問其來由。能知其來由、卽入首幾節一無糢糊。

分定子孫十二位、災禍相連値。千災萬禍少人知、剋者論宗枝。

傳曰、此節直糾時師誤認子孫之害。蓋子孫自卦中分出、位位不同。豈如俗師干從支、支從干、二十四路止作十二位論。若如此論法、必致葬者災禍相連値矣。既遭災禍、而俗師終不知所以災禍之故、胡猜亂擬、或云干凶、或云支凶。總非眞消息也。夫災禍之發、乃龍氣受剋所致。而龍氣之受剋、實不在干支。蓋有爲干支之宗者焉。所謂父母是也。知其宗之受剋、則知干支亦隨之而受剋。所以不免災禍矣。深言十二位分子孫之說其謬如此。

釋義曰、子孫十二位、卽雙山五行二十四山分十二位也。然將此法葬地、是有災禍連綿。而俗師終不知所以災禍之故。豈知災禍、乃父母卦受剋、而干支亦隨之耳。

五行位中出一位、仔細祕中記。假若來龍骨不眞、從此誤千人。

傳曰、此節又詳言出卦不出卦之密旨。蓋同一出位、而有卦內卦外之不同。若在卦內時、則似出而非出。若在卦外、則眞出矣。此中有祕。當密記之。在卦內則龍骨眞。在卦外則龍骨不眞矣。

釋義曰、在太極卦內、尚不是出。如在太極卦外、則眞出矣。再龍骨不眞、從此卽誤千人。此皆因於俗師兩目不明所致。

一個排來千百個、莫把星辰錯。龍要合向向合水、水合三吉位、合祿合馬合官星、本卦生旺尋。合吉合凶合祥瑞、何法能趨避。但看太歲是何神、立地見分明。

成敗斷定何公位、三合年中是。

傳曰、一個排來變化不一、故有千百個也。龍向水相合、前篇已盡。祿馬官星在本卦生旺則應。不然、則不應。此見生旺爲重、而祿馬官星在所輕矣。

釋義曰、排星從父母卦排起、有千百個。龍須合向、向須合水。吉凶之應、須太歲臨照。或三合弔照、亦驗。

排星仔細看五行、看自何卦生。來山八卦不知蹤、八卦九星空。順逆排來各不同、天卦在其中。

傳曰、五行總在何卦中生、不在干支中定。所謂父母子息也。不知八卦蹤跡從何而來、則九星無處排矣。蓋星卦之順逆、各有不同。卽此一卦入用、或當順推、或當逆推、有一定之氣、而無一定之用。所謂天下諸書對不同也。要而言之、則玄空二字之義盡矣。

釋義曰、總須認得何卦何水口、或順或逆、方有把握。須從那些子推排是何五行吉凶斯有一定矣。

甲庚丙壬俱屬陽、順推五行詳。乙辛丁癸俱屬陰、逆推論五行。陰陽順逆不同途、須向此中求。九星雙起雌雄異、玄關眞妙處。

傳曰、此略舉干神卦氣之例、陽四干則順推八卦、陰四干則逆推八卦、一順一逆、雖不同途、而此中有一定之卦氣、可深求而得者。至其每卦之中、皆有一雌一雄雙雙起之法、乃陰陽交媾玄關妙處也。又不止一卦有一卦之用而已。舉八干、而支神之法亦在其中矣。

釋義曰、甲庚壬丙屬陽水。乙辛丁癸屬陰水。即一雌一雄、一順一逆。在此中推求。能知一雌一雄雙雙起之法。交媾之玄關乃得。

東西二卦眞奇異、須知本向水。本向本水四神奇、代代著緋衣。

傳曰、此節又重言向水各一卦氣、兼收生旺之妙。向上有兩神、水上有兩神、故曰四神。

釋義曰、東西二卦、一二三四九八七六、一順一逆、一來一往、一前一後、一左一右、均可謂東西也。然須知向上二神、水上二神、均是雌雄交媾之妙。

水流出卦有何全、一代作官員。一摺一代爲官祿、二摺二代福。三摺父母共長流、馬上錦衣游。馬上斬頭水出卦、一代爲官罷。直山直水去無翻、場務小官班。

傳曰、水不出卦、須摺摺在父母本宮。若摺出本宮、雖摺而後代不發矣。馬上斬頭、卽一摺父母、便流出卦、如斬頭而去也。本卦水又以曲摺爲貴、乃許世代高官。若止直流。雖然本卦、而官職卑矣。

釋義曰、所有曲水、摺摺在於本卦、愈多愈妙。若一摺卽出、所發不久也。

內傳下

乾山乾向水朝乾乾峯出狀元。卯山卯向卯源水、驟富比石崇。午山午向午來堂、大將値邊疆。坤山坤向水坤流、富貴永無休。

傳曰、此明玄空大卦向水兼收之法、舉四山以例其餘、皆卦內之清純者也。乾宮卦內之山、作乾宮卦內之向、而收乾宮卦內之水、則龍向水三者俱歸生旺矣。非囘龍顧祖之說也。或云狀元、或云大將、或云驟富者、亦舉錯以見意。不可拘執。

釋義曰、乾山乾向、卯山卯向、午山午向、是江西卦三六九。惟坤山坤向水流坤、乃是正卦力大。富貴更爲悠久。以先天卦爲體、後天卦爲用、即有此應。神而明之可也。

辨得陰陽兩路行、五星要分明。泥鰍浪裏跳龍門、渤海便翻身。

傳曰、陰陽兩路、上文屢見。此重言以申明之耳。下二句言變化之易。

釋義曰、識得此大玄空陰陽五行、卽有泥鰍化龍之兆。化龍者不過言其神也。

依得四神爲第一、官職無休息。穴上八卦要知情、穴內卦裝淸。

傳曰、前篇本向本水四神奇、是姑置來龍而但重向水。此節穴上八卦要知情、又從穴上逆推到來龍、以補四神之不及。穴上是龍。穴內卽向也。

釋義曰、四神卽前向上兩神、水上兩神。穴上八卦、卽從龍身而言有龍卽有八卦。穴內卽在太極圖內。裝淸八卦、卽是立向之要義。

要求富貴三般卦、出卦家貧乏、寅申巳亥水來長、五行向中藏。辰戌丑未叩金龍、動得永不窮。若還借庫富後貧、自庫樂長春。

傳曰、前篇甲庚壬丙一節、是四正之卦。此節又補四偶之卦。觀此則支水去來凶之言當活看、不可死看矣。辰戌丑未、雖俗云四庫。其實玄空不重墓庫之說。借庫、出卦也。自庫、不出卦也。是重在出卦不出卦。不重墓庫也。
釋義曰、總之以三般卦出卦不出卦爲重。寅申巳亥辰戌丑未即前甲庚壬丙乙辛丁癸之意。借庫出卦、自庫不出卦、須記之。
重。

大都星起何方是、五行長生旺。大斾相對起高岡、職位在學堂。捍門官國華表起、山水亦同例。水秀峯奇出大官、四位一般看。
傳曰、此節言水上星辰即山上星辰。只要得生旺之氣。在山在水、一同論也。
釋義曰、此論山龍星辰須得五行生旺之氣。捍門華表、鎮鎖水口、其力更重。

坎離水火中天過。龍墀移帝座。寶蓋鳳閣四維朝、寶殿登龍樓、罡刧弔煞休犯着、四墓多消鑠。金枝玉葉四孟裝、金箱玉印藏。
傳曰、坎離水火一句、乃一章之所重。其餘星宿、總是得生旺則加之美名、逢死絕則稱爲惡曜。名非有定。星、隨氣變者也。

釋義曰、坎離交媾、須藉黃婆爲媒。寶殿龍樓、罡刧弔煞、乃是星峯好惡之稱。

倒排。

帝釋一神定縣府、紫微同八武。倒排父母養龍神、富貴萬年春。

傳曰、帝釋、丙也。八武、壬也。紫微、亥也。帝釋神之最尊、故以縣府名之。其實陰陽二宅得此、貴之極矣。然其妙用、在乎倒排。非正用也。

釋義曰、帝釋一神、二十四向之最貴之一向。故名帝釋。卽丙向是也。妙在倒排。

識得父母三般卦、便是眞神路。北斗七星去打刧、離宮要相合。

傳曰、上二句引起下文之義。言識得三卦父母、已是眞神路矣。猶須曉得北斗七星打刧之法、則三般卦之精髓方得。而最上一乘之作用也。北斗云何。

知離宮之相合、卽知北斗之義矣。
釋義曰、北斗卽天之主宰。然地上有太極爲主宰、便去打刦者、乃是立向之要妙。須要與離宮朱雀相合。此最上一乘之作用也。
子午卯酉四龍岡、作祖人才旺。水身百里佐君王、水短便遭傷。
傳曰、取子午卯酉、以其父母氣旺也。言四正、則四維可以例推矣。水短遭傷、以其出卦之故。
釋義曰、四正之龍、須根深蒂固。來龍長遠、則來水亦長遠。來水若短、其龍不眞。便有遭傷之患。
識得陰陽兩路行、富貴達京城。不識陰陽兩路行、萬丈火坑深。
傳曰。此節顚顚倒之意。皆上文所已言、而詠歎之。
釋義曰、總之要識陰陽兩路。不識陰陽兩路、卽觸處是火坑。

前兼龍神前兼向、聯珠莫相放。後兼龍神後兼向、排定陰陽算。明得零神與正神、指日入青雲。不識零神與正神、代代絕除根。

傳曰、龍神向首、皆有兼前兼後之法。兼者、父母兼子息、子息兼父母。此即正神零神之義。

釋義曰、龍向聯珠爲妙。然不明零正、即有錯訛。若一有錯訛、即是地吉葬凶、與棄尸同。

倒排父母是眞龍、子息達天聰。順推父母到子息、代代人財退。

傳曰、父母子息、皆須倒排、而不用順排。即旺氣在坎癸、倒排則不用坎癸而得眞旺氣。順排則眞用坎癸、而反得殺氣矣。似是而非、毫釐千里。玄空大卦、千言萬語、惟在於此。

釋義曰、父母皆要倒排。若順排、即有人財退敗之虞。

一龍宮中水便行、子息受艱辛。四三二一龍逆去、四子均榮貴。龍行位遠主離鄉、四位發經商。

傳曰、此節又申言本卦水須摺摺相顧。若一摺之後便出本卦、雖然得發、必受艱辛矣。必三四節逆去、皆在本卦、乃諸子齊發也。位遠即出卦。一出卦即主離鄉。若出卦之後又歸還本卦、反主爲商得財而歸。其應驗之不爽如此。

釋義曰、水要四三二一節節逆去。如一逆即順、出卦而去、子息必受艱辛。如出而仍還本卦、主子息離鄉經商得財而歸也。

時師不識挨星學、只作天心摸。東邊財穀引歸西、北到南方推。老龍終日臥山中、何嘗不易逢。止是自家眼不的、亂把山岡覓。

傳曰、東邊財穀二句、託喻。即江南龍來江北望之意。玄空妙訣也。歎息世人不得眞傳、胡行亂走、旨哉言乎。

釋義曰、不得眞傳、大地在其目前、何能認得。所以一世難逢此道。須要仙人目、樵夫足。

世人不知天機祕、洩破有何益。汝今傳得地中仙、玄空妙難言。翻天倒地更玄玄、大卦不易傳。更有收山出煞訣、亦兼爲汝說。相逢大地能幾人、個個是知心。若還求地不種德、穩口深藏舌。

傳曰、篇終述敘傳授之意、深戒曾公安甫善寶之也。結義歸重於種德。今之得傳者、不愼擇人、輕洩浪示。恐雖得吉地、不能實受其福矣。而洩天寶者、重違先師之戒。其不干造物之怒而自取禍咎者、幾希矣。

釋義曰、如有德者得此天機、切勿力小圖大、以犯造物所忌。求地不種德、穩口深藏舌。此古仙師之戒、愼之愼之。

都天寶照經

唐楊益筠松著。清蔣平階大鴻傳。大鴻初名雯階、字馭閎、後更此名字。嘉善縣學生。

上篇

楊公妙應不多言、實實作家傳。人生禍福由天定、賢達能安命。貧賤安墳富貴興、全憑龍穴眞。龍在山中不出山、掛在大山間。若是沙曲星辰正、收得陽神定。斷然一葬便興隆、父發子傳榮。

傳曰、此一節專論深山出脈、老龍幹氣生出嫩支之穴。

釋義曰、此老幹出嫩枝結穴也。水木二星、穴結於山麓者多。

好龍脫刦出平洋、百十里來長。離祖離宗星辰出、此是眞龍骨。前途節節出兒孫、文武脈中分。直見大溪方住手、諸山皆不走。個個回頭向穴前、城郭要周完。

水口亂石堆水中、此地出豪雄。若得遠來龍脫刦、發福無休歇。穴見陽神三摺朝、此地出官僚。不問三男幷五子、富貴房房起。津湖溪澗同此看、衣祿榮華斷。大水天河齊到處、千里來龍住。水口羅星鎖住門、似大將屯軍。落頭定有一星形、非火土即金。正脈落平三五里、見水方能止。二水相交不用砂、只要石加麻。更看硤石高山鎖、密密來包裹。此是軍州大地形、細說與君聽。

傳曰、此一節專言大幹傳變、行龍盡結之穴、謂之脫刦龍。又名出洋龍。雖云城郭要周完。總之城郭都在龍身上見。不必於穴上見。蓋龍到脫刦出洋、雖衆山擁衞而行、前數節羣支翼張、羽儀簇簇、至於幾經脫卸之後、近身數節將結穴時、龍之蹤跡愈變、而龍之橫勢愈疾。此非左右二砂所能幾及。往往龍只單行。譬之大將、匹馬單刀、所向無前。一時偏裨小校、都追從不及。所以有不用砂之說也。高山不甚重水。獨此等龍穴、以水爲證者、何與。山剛水柔。

水隨山之行以爲行。山不隨水之止以爲止。而云直見大溪方住者、非謂山脈遇水而止也。正因山脈行時、水不得不與之俱行。則山脈息時、水不得不與之俱息。故幹龍大盡之地、自然兩水交環、有似乎千里來龍遇水而止也。既云不用砂。而又云密密包裹者何也。夫結穴之處、雖不必取於兩砂齊抱。要之眞龍憩息之際、定不孤行。外纏夾輔、隱隱相從。水口星辰、有時出見。大爲硤石。小爲羅星。近在數里。遠之二三十里。皆不可拘。前所謂砂、指本身龍虎而言。後所謂鎖、指外護捍門而言也。只要石如麻、則不止謂水口而已。正言本身結穴之地。蓋幹龍剝換數十節、其渡水崩洪、穿田過峽、不止一處。若非石骨龍行、何以見眞龍結今。體人見平地墩阜、誤認來龍、指爲大地正坐此弊也。凡去山數里、即有高阜。或由人工、或出天造。既無眞脈相連。又不見石骨稜起。總不謂之龍穴。所以落平之龍、重起星辰、必要石如麻也。有石脈、乃爲眞龍。有石穴、乃爲眞穴。山龍五星皆結穴。其云落頭一星獨取火土金者、大約近祖支龍、蜿蜒而下、都結水木。出洋幹結、踴躍而起、都作火土金。雖不可盡拘。而大體有如是者。前章一葬便興、父發子榮、是言山中支結。龍穉而局窄、往往易發。此章言發福無休歇、五子房房起、是言出洋大盡。龍老而局寬、往往遲發而久長。意在言表也。

姜氏曰、前章言山谷初落之穴。此言出洋盡結之穴。山龍之法、雖不盡於此。而大略已備於此矣。

釋義曰、此乃大幹傳變出洋盡結之穴、而火土金三星轉關落平洋之格也。

天下軍州總住空、何曾撑着後頭龍。只向水神朝處取、莫說後無主。立穴動靜中間求、須看龍到頭。

傳曰、此節以下、皆發明平洋龍格。與山龍無涉矣。楊公唐末人、唐之言軍州、猶今之言郡縣也。蓋以軍州爲證。見城邑鄉村人家墓宅、凡落平洋、並不論後龍來脈。但取水神朝繞、便爲眞龍憩息之鄉。夫地、靜物也。水、動物也。水之所止、卽是地脈所鍾。一動一靜之間、陰陽交媾、雌雄牝牡化育萬物之源。所謂玄竅相通、卽丹家玄關一竅也。此便是龍之到頭。非含陰陽交會之所、而別尋龍之到頭也。識得此竅、則知平洋眞龍訣法。而楊公寶照之祕旨盡矣。看龍到頭、另有口訣。

釋義曰、天下軍州、卽是今之郡縣。郡縣均四水環繞。何曾靠着後龍。以水到卽是龍至也。然結穴在於中間、决勿在於山窮水曠之際。

楊公妙訣無多說。因見黃公心性拙。全憑掌上起星辰。類聚裝成爲妙訣。大山喚作破軍星。五星所聚脈難分。但看出身一路脈。到頭要分水土金。又從分水脈脊處。便把羅經照出路。節節同行過峽眞。前去必定有好處。子字出脈子字尋。莫教差錯丑與壬。若是陽差與陰錯。勸君不必費心尋。

傳曰、自此章以下、皆楊公平陽祕訣、字字血脈、而又字字隱謎。非眞得口口相傳、天機鈐訣者、未許執語言文字、方寸羅經、而妄談二十四山八卦九星之理也。苟得口傳心受、則雖愚夫穉子、可悟楊公心訣。不得口傳心受、縱智過千夫、讀破萬卷、何能道隻字耶。此書乃楊公當日裝成掌訣、傳與黃居士妙應者。大山喚作破軍星、言水法渙散迷茫之處、五星混雜出脈、未見分明、概名之曰破軍、而不入龍格。只取龍神一路出身之脈。其脈又分水土金三星合貪巨武爲吉。而餘星皆所不取。此三星者、乃形局之星。非卦爻方位之貪巨武也。學者切莫誤認。自分水脈脊以下、乃屬方位理氣矣。故云便把羅經照出路也。蓋看得水神龍脈、既合三吉星格。其地可以取裁。乃將指南辨其方位、以定卦之合不合也。合卦則用之。不合卦、仍未可用也。節節同行、卦無偏雜、方許其爲過脈峽眞。而知前去定有好穴。不然、則行龍先見駁雜。到頭何處剪裁。子字以下、乃直指看龍訣法、而舉坎卦一卦爲例、若出脈是子字、須行龍只在子字一宮之內、乃爲卦氣淸純。如偏於左、而癸與丑雜。是子癸字一卦、而丑字又犯一卦也。如偏於右、而壬與亥雜。是壬字一卦、而亥字又犯一卦也。此爲卦中之陽差陰錯。非全美之龍。故云不必費心尋也。

釋義曰、平洋到頭結穴、星體宜水土金三星。最忌木火二星。而大水曠蕩之際、卽是破軍星辰。須要收入小水、節節正齊、乃是出脈之所。方可將羅經格照。如來脈駁雜者、不必費心尋覓也。篇中自稱楊公、決無是理。如曰贋作、通文達理爾爾、豈肯授人破綻。大抵相傳久、轉輾鈔撥、遂致謬也。

子癸午丁天元宮。卯乙酉辛一路同。若有山水一同到。半穴乾坤艮巽宮。取得輔星成五吉山中有此是眞龍。

傳曰、此承上節羅經照過峽。詳言方位理氣、卽天玉玄空大卦之作用也。其法分子午卯酉爲天元宮、寅申巳亥爲人元宮、辰戌丑未爲地元宮。隱然天元之妙理引而不發。欲使學者得訣方悟。其敢妄洩天祕、犯造物之忌哉。此取四仲之支爲天元宮者、非此四支皆屬天元、乃謂此四支之中有天元者存也。而其本文、又不正言子午卯酉乙辛丁癸。必錯擧子癸午丁卯乙酉辛者、此其立言之法、已備出脈審峽定卦分星之密旨。觀一路同三字、同中微異、須知剖別、已在言外。下文乃全露其機、云此八宮同到半穴乾坤艮巽宮矣。一同到、非謂此八宮一同到也。亦非謂八宮之山與八宮之水一同到也。謂此四支中任擧一支、與此四干中一干、比肩同到、卽雜乾坤艮巽之氣矣。蓋子午卯酉、本是四正之龍。而與八宮同到、卽有一半四隅之龍。不可不辨。

辨之不淸、則欲取天元、而非純乎天元矣。末二句輔星五吉、指天元宮最淸者言。蓋天元龍雖包諸卦。而九星止有三吉。恐日久發洩太盡、末胤衰微。故須兼收輔弼宮龍神合氣入穴、以成五吉。然後一元而兼兩元。龍力悠遠不替矣。故目之曰眞龍。極其贊美之辭也。此節言山者皆指水。蓋平洋以水爲山。水中卽有山矣。輔星卽是九星中左輔右弼。蓋有二例。一則九宮卦例以一白配貪狼、二黑配巨門、三碧配祿存、四綠配文曲、五黃配廉貞、六白配武曲、七赤配破軍、八白配左輔、九紫配右弼。此天玉經玄空大卦之定理也。一則八宮卦例、將輔弼二星幷一宮、分配八卦、製爲掌訣、二十四山系於納甲之下、互起貪狼爲立向消水之用。陽宅天醫福德、亦同此訣。竊以之彰往察來、皆無明驗。蓋卽天玉所辨二十四山起八宮、唐一行所造、後人指爲滅蠻經者也。二說眞僞判然。不可以誤認。五吉卽三吉蓋形局九星、以水土金三星爲貪巨武三吉。而輔弼爲入穴收氣之用。方位九星亦有三吉。雖以貪狼統龍。而每宮自有三吉。不專取巨武。此節天元宮兼輔爲五吉。中有隱語、非筆墨所敢盡。既云五吉、則分輔弼作兩星、以配九宮。其非八宮之訣明矣。若在人地兩元、別有兼法、見諸下文。此節以下、所舉干支卦位、俱帶隱謎。若從實推詳、不啻說夢。非楊公言外之眞旨矣。

釋義曰、內龍水一三九七、須對外水二四八六三吉。再取輔弼、即成五吉矣。正支龍須配正干水。細悟自明。

辰戌丑未地元龍。乾坤艮巽夫婦宗。甲庚壬丙爲正向。脈取貪狼護正龍。

傳曰、此取四季之支爲地元龍者、亦謂此四支中有地元龍者存也。此四支原在乾坤艮巽卦內、故曰夫婦宗。此元氣局逼隘、不能兼他元爲五吉。止取貪狼一星眞脈入穴、護衛正龍根本、則卦氣未値、其根不搖、卦氣已過、源長流遠、斯爲作家妙用。貪狼卽在甲庚壬丙之中。故但於此取正向、乘正脈。與天人兩元廣收五吉者有殊。不言輔星。輔弼已在其中故也。楊公著書、泛論錯舉之中、其金針玉線、一絲不漏蓋如此。

釋義曰、辰戌丑未之支、與乾坤艮巽之干、同在一卦、其龍與血脈、卽是夫婦而外水須對甲庚壬丙者、何也。以辰戌丑未乃是四維之傍支。而甲庚壬丙乃是四正之傍干。其取向對、卽前子午卯酉對乾坤艮巽之義。以此爲偏支之龍。須要貪狼眞氣入穴護衛、方可悠久。否則一發卽衰。其力之薄弱可知也。

寅申巳亥人元來。乙辛丁癸水來催。更取貪狼成五吉。寅坤申艮御門開。巳丙宜向天門上。亥壬向得巽風吹。

傳曰、此四孟之支、亦屬四隅卦。此四支中有人元龍者存也。天元之後、卽應接人元。楊公因三才三正之序、顛倒錯例、亦隱祕其天機、使人不易測識耳。此元龍格、亦必兼貪狼、而後先榮後凋。若不兼貪狼、慮其發遲而驟歇矣。用乙辛丁癸水催之者、謂此四水中有貪狼也。此宮廣大兼容、故旁及坤艮、亦所不礙。故曰御門開。若是巳丙壬亥相兼、則犯陰陽差錯之龍矣。法宜去丙就巳、去壬就亥、以清乾巽之氣。此則專爲人元辨卦而言。處處要歸一路。蓋一路者、當時直達之機。兼取者、先時補救之道。不直達則取勝無先鋒。不補救則善後無良策。二者不可偏廢也。總觀三節文義、子午卯酉配乙辛丁癸、辰戌丑未配乾坤艮巽、爲夫婦同宗。而寅申巳亥獨不配甲庚壬丙爲夫婦。則其本意、不以甲庚壬丙屬寅申巳亥可知矣。此正合天玉大五行作用。而非十二支配十二干爲一路之俗說也。故不曰寅申坤艮、而曰寅坤申艮。非以寅爲坤、以申爲艮也。巳屬巽而反曰天門。亥屬乾而反曰巽風。顛倒裝成。

其託意微而且幻、類如此。至其立言本旨、不過隱然說出陰陽交互之象。然篇中皆錯舉名目、不肯分明。至後節主客東西、方露出端倪。而終不顯言。先賢之祕慎如此。使我有浪洩天機之懼矣。

釋義曰、此寅申巳亥排來、是人元龍、亦是四維之傍支。比辰戌丑未寬廣。力量亦重。要乙辛丁癸水催者、以是四正傍干之水。與前意相同、亦要取貪狼、方可久遠。巳丙宜向天門上者、天門卽乾、不過顚倒而已。此宮當面來水亦可兼收。有張山食水之格。

貪狼原是發來遲。坐向穴中人未知。立宅安墳過兩紀。方生貴子好男兒。

傳曰、貪狼諸卦之統領、得氣先而施力遠、何云發遲。此言人地兩元兼收之脈、不當正卦、旁他涵蓄、故力不專。是以遲也。兩紀、約略之辭。生貴子、正見誕育英才以昌世業。隱含悠久之義、非若他宮一卦乘時、催官暫發之比。若夫應之遲速、是不一端。烏可執此爲典要也。

釋義曰、貪狼正卦之統領。以人地兩元不過倚他涵蓄、借他護衛。因此而得氣略遲耳。

立宅安墳要合龍。不須擬對好奇峯。主人有禮客尊重。客在西兮主在東。

傳曰、山龍眞結、必對尊星而後出脈。或迴龍顧祖、或枝幹相朝。先有主峯、乃始結穴。故必以朝山爲重。非重朝山、正重本身出脈眞僞也。平洋既無來龍。但以水城論結穴。水自水、山自山、雖有奇峯、並非一家骨肉。向之無益。故只從立穴處消詳堂局收五吉之氣、謂之合龍。而不以朝山爲正案也。末二句、乃一篇之大旨。精微元妙之談。所謂主客、又不止於論向而指龍爲主人、向爲賓客也。主客猶云夫婦。實指陰陽之對待、山水之交媾、一剛一柔、一牝一牡、玄竅相通、皆在於此。言有此主卽有此客、有此客便有此主。主客雖云二物、實一氣連貫、如影隨形、如谷答響、交結根源、一息不離。非謂既有此主、乃更求賢賓以對之也。東西蓋舉一方而言。亦可云主在西兮客在東、亦可云主在北兮客在南、主在南兮客在北。八卦四隅、無不皆然。所謂陰陽顛倒顛也。自天下軍州此至、統論平洋龍法。其中卦位干支祕訣總不出此二語。故於結尾發之、以包舉通篇之義。學者所當潛思而曲體之者也。

姜氏曰、一部寶照發明平洋龍格、開章直喝天下軍州總住空、何須撐着後頭龍。大聲疾呼、朗吟高唱。此爲楊公撰著此書通篇眼目、振綱挈領之處。不可泛泛讀過。蓋平洋龍格、舉世所以茫然者。只因俗師聾瞽、將山龍混入、無從剖辨、觸處成迷也。平洋之作法既迷、并山龍之眞格亦謬。失其一、并害其二矣。楊公苦心、喝此二語、醒人千古大夢、使知平洋二宅、不論坐後來脈、凡坐空之處、反有眞龍、坐實之處、反無眞龍、與山龍之胎息孕育截然相反。欲學者從此一關打得透徹。更不將剝換過峽、高低起伏、馬跡蛛絲、草蛇灰線等字、纏擾胸中。只在陰陽大交會處悟出眞機。而後八卦九星、干支方位、以次而陳、絲絲入扣。平龍消息、始無掛漏之虞。平龍既無掛漏、而山龍亦更無掛漏矣。倘不明此義、只將後龍來脈、膠葛糾纏。則造化眞精、何從窺見。雖受之以八卦九星之奧、亦無所施也。窮年皓首、空自芒芒。高山平洋、總歸魔境。我於是益歎楊公度人心切也。後篇所以復舉二語重言以申明之。意深切矣。

此篇前十二句爲一章、言深山支龍之穴。中三十四句爲一章、言幹龍脫殺出洋之穴。此二章皆屬山龍。後四十六句分七節爲一章、言平洋水龍之穴。

釋義曰、立宅安墳、須要合龍。不可貪朝失向。平洋以水爲主。雖有奇峯、究非一家骨肉。向之無益。主人尊貴、客亦不賤矣。有其主、卽有其賓。無甚高下。

中篇

天下軍州總住空。何須撐着後來龍。時人不識玄機訣。只道後頭少撐龍。大凡軍州住空龍。便與平洋墓宅同。州縣人家住空龍。千軍萬馬悉能容。分明見者猶疑慮。龍不空時非活龍。教君看取州縣場。盡是空龍擺撥蹤。莫嫌遠來無後龍。龍若空時氣不空。兩水界龍連生竄。穴得水兮何畏風。但看古來卿相地。平洋一穴勝千峯。

傳曰、天下軍州二語、前篇已經喚醒。楊公之意、猶恐後人見不眞、信不篤。故反覆咏嘆。層層洗發、窮追到底、罄其所以然之故。又恐概說軍州大勢、尙疑人家墓宅或有不然。故指實而言軍州如是、墓宅無不如是。只勸世人揀擇空龍。切勿取實龍作撐也。所以然者、何也。山龍只論脈來。平洋只論氣結空則水活而氣來融結。實則障蔽而生氣阻塞。肉眼但見漭漭平田、毫無遮掩、疑爲坐下風吹氣散之地。不知水神界抱、陽氣冲和。平洋之穴、無水則四面皆風、有水則八風頓息。所謂氣乘風則散、界水則止。古人之言、本爲平洋而發也。

釋義曰、郡縣均在水中者。以水到卽是龍到也。其水如大水收入小水、數分數合、衆水環繞、衆砂護衛、其水又總會而出。水口勢大者其地必大。須認主人在於何處、則得矣。

子午卯酉四山龍。坐對乾坤艮巽宮。莫依八卦陰陽取。陰陽差錯敗無窮。百二十家渺無訣。此訣玄機大祖宗。來龍須要望龍穴。後若空時必有功。帝座帝車並帝位。帝宮帝殿後當空。萬代侯王皆禁斷。予今隱出在江東。陰陽若能得遇此。蚯蚓逢之便化龍。

傳曰、此明八卦之理、卽前子午卯酉屬坎離震兌四卦、乾坤艮巽又四卦之義也。所謂坐對、非指山向。蓋四正卦與四隅卦、兩兩相對、故云然也。八卦陰陽者、指八卦五行、以乾卦領震坎艮三男而屬陽、坤卦領巽離兌三女而屬陰。此先天之體、非後天之用。以之論陰陽、則差錯而敗不勝言矣。談陰陽者、百二十家、皆此是彼非、渺無眞訣。惟是玄空大卦、乃陰陽五行大祖宗。聖聖相傳。非人勿示也。識得此訣、雖帝王大地、瞭若指掌。特禁祕而不敢言耳。楊公自言既得至道、不敢炫耀於世。故披褐懷玉、抱道無言。然天寶雖祕惜、而救世之心未嘗少懈。曾於天玉經江東一卦諸篇、隱出其旨。世之好陰陽者、有緣會遇、信而行之、頃刻有魚龍變化之徵也。或云楊公得道之後、韜光晦跡、背其鄉井、隱於江東。俟考。

釋義曰、後空已見前編。惟此訣乃是陰陽五行玄空大卦之大祖宗、非人勿示者。所有一三九七之龍、要對二四八六之水。若能得遇、乃是前緣。維有德者可遇。

子午卯酉四山龍。支兼干出最豪雄。乙辛丁癸單行脈。半吉之時又半凶。坐向乾坤艮巽位。兼輔而成五吉龍。

傳曰、此皆楊公隱謎。舉四正爲例。若行龍在子午卯酉四支、長流不雜、雖兼帶干位、總不出本卦之內。其脈淸純、故云最豪雄也。若乙辛丁癸、雖屬單行、未免少偏。卽犯他卦。所以吉凶參半也。言子午卯酉、而乾坤艮巽不外是矣。言乙辛丁癸、而甲庚壬丙不外是矣。辨龍旣淸、乃於諸卦位中隨便立向。則又以方員爲規矩。而未嘗執一者也。

釋義曰、脈要中出。偏出則半吉半凶耳。須要認其淸淨不雜。如一雜、卽帶殺氣。因此而吉凶參半也。

辰戌丑未四山坡。甲庚壬丙葬墳多。若依此理無差謬。淸貴聲名天下無。爲官自有起身路。兒孫白屋出登科。八卦不是眞妙訣。時師休把口中歌。敗絕只因用卦差。何見依卦出高官。陰山陽水皆眞吉。下後兒孫禍百端。水若朝來須得水。莫貪遠秀好峯巒。審龍若依圖訣葬。官職榮華立可觀。

傳曰、此指四隅龍脈而言。而舉辰戌丑未爲隱謎也。謂此等行龍、而取甲庚壬丙向者甚衆。必須龍法純全、向法合吉、毫無差謬、而後淸貴之名卓於天下也。起身路、正指來龍之路。八卦本是眞訣。而誤用則禍福顚倒。故云非妙訣。後章八卦只有一卦通、乃始微露消息矣。收水之法、向云陽用陰朝、陰用陽應。乃卦理至當不易之言。而竟有陰山陽水、陽山陰水、反見災禍者。則辨之不眞、陽非陽而陰非陰也。得水二字、世人開口混說。然非果識天機祕旨收入玄竅之中、雖三陽六建齊會明堂、虎抱龍迴涓滴不漏、總未可謂之得。

若知得水眞訣、即陰陽八卦之理、示諸斯乎。莫貪遠秀好峯、即上篇已發之義。致其叮嚀之意云爾。

釋義曰、子午卯酉、辰戌丑未、寅申巳亥等、均是隱謎、借卦理而言地理。而辰戌丑未之旁支須配甲庚壬丙之葬墳、亦是隱謎。若依此理無訛、即有淸貴。然八卦本是眞訣。而時師用之、災禍百端者、因其眼目不明、不識中五之妙、不能將八卦之理納入玄竅之中故也。雖三吉六秀、眞山眞水。亦全然無用矣。總之能識都天大卦之奧、陰陽交媾之妙、方能絲絲入扣耳。

玄機妙訣有因由。向指山峯細細求。起造安墳依此訣。能令發福出公侯。眞向支山尋祖脈。干神下穴永無憂。寅申巳亥騎龍走。乙辛丁癸水交流。若有此山幷此水。白屋科名發不休。昔日孫鐘扦此穴。從此聲名表萬秋。

傳曰、通篇皆言平洋。此章乃插入山峯者、何也。蓋八卦九星、乃陰陽之大總持。故凡有山之水、可以不論山。而有水之山、不能不論水。若遇山水相兼之地、未可但從山龍而論。還須細細尋求、亦必合此玄空大卦之訣、而後墓宅產公侯也。祖脈必要支山、蓋從四正而論。下穴立向、則不拘干支矣。此祖脈乃玄空之祖脈。非山龍之來脈也。讀者切勿錯認。寅申巳亥、乙辛丁癸、俱屬易犯差錯之龍。故曰騎龍走、水交流。文有殊、義無別。此山此水、而科名不歇者、不犯差錯故也。孫鐘墓在富陽天子岡。本山龍而收富春江長流之水。故引為證。

釋義曰、山龍只論山、以求山峯之吉凶。平洋只論水、以求水法之吉凶、寅申巳亥之龍須對乙辛丁癸之水。然非向對之水也。乃是內外之分也。細悟自明。其中科名之說與後節科名榜眼及神童句、亦帶宋明語氣。可知此篇後人羼入者亦多矣。

來龍須看坐正穴。後若空時必有功。州縣官衙爲格局。必須淸顯立威雄。范蠡蕭何韓信祖。乙辛丁癸足財豐。亥壬聳隆興祖脈。巳丙旺相一般同。寅申巳亥等五吉。乙辛丁癸四位通。紫緋晝錦何榮顯。三牲五鼎受王封。龍囘朝祖玄字水。科名榜眼及神童。後空已見前篇訣。穴要窩鉗脈到宮。試看州衙及臺閣。那個靠着後來龍。砂揖水朝爲上格。羅城擁衛穴居中。依圖取向無差誤。不是王侯即相公。

傳曰、後空之旨、屢見篇中。而此章又反覆不已者。蓋後空不但無來脈而已。幷重坐下有水、乃謂之活龍、擺撥而成、眞空有氣也。故首句云、坐正穴。實指穴後有水、取爲正坐也。古賢舊跡、往往如此。遍地鉗所謂杜甫盧仝李白祖。此又引范蠡蕭何韓信總合此格。下列諸干支、言不論是何卦位、只要合得五吉、收歸坐後、發福如許爾。故下文即接囘龍朝祖玄字水、分明指出前朝曲水、抱向穴後、乃囘龍顧祖之格也。神童黃甲、必可劵矣。篇中又自言後空之訣、已見前篇。然恐人誤認、只取坐後無來脈、便云有氣。不知穴後必須水抱成窩鉗之形、而後謂之到宮。若但云空耳、非坐水之空、空何貴焉。砂揖水朝、羅城擁衛、皆就水神而論。穴正居中、指坐穴也。此節直說出王侯將相大地局法。非泛論也。

釋義曰、今之官衙、均是後空、有水正坐。謂之活龍有氣。將范蠡蕭何韓信之祖墳均是後空者作引。寅申巳亥、乙辛丁癸、即前節之意照此格局、發福如許。囘龍朝祖玄字水、即面前屈曲朝來抱向穴後之水。囘龍顧祖之格、穴後須水抱成窩鉗之形、謂之到宮。再砂揖水朝、羅城擁衛、穴居中正、立向無差。神童黃甲方可必也。

天機妙訣本不同。八卦只有一卦通。乾坤艮巽躔何位。乙辛丁癸落何宮。甲庚壬丙來何地星辰流轉要相逢。莫把天罡稱妙訣。錯將八卦作先宗。乾坤艮巽出官貴。乙辛丁癸田莊位。甲庚壬丙最爲榮。下後兒孫出神童。未審何山消此水。合得天心造化工。

傳曰、一部寶照經、不下數千言、皆半含半吐、至此忽然漏洩。蓋陰陽大卦、不過八卦之理。而篇中乃云八卦不是眞妙訣者。正爲不得眞傳、不明用卦之法故也。而其所以不明用卦之法者。皆因泛言八卦。而不知八卦之中止有一卦可用故也。大五行祕訣、不過能用此一卦。即從此一卦流轉九星、便知乾坤艮巽諸卦落在何宮、二十四干支落在何宮、而或吉或凶、指掌瞭然矣。俗師不得此訣、妄立五行有從四墓上起天罡、以爲放水出煞之用。如何合得八卦之理。夫收得山來。乃出得煞去。不知一卦作用、山既無從收。一卦不收、諸卦干支、又何從流轉九星、求純棄駁、而消水出煞乎。今人但知二十四山、處處可出官貴、處處可旺田莊、處處可出神童。而不知二十四位水路交馳、果下何卦、收何山、乃消得此水、出得煞去。夫既不能收山出煞。則其談八卦、論干支、皆胡言妄說而已。何以契合天心、而造化在手也。天心卽天運。非善人合天之家、不能遇也。大五行所謂一卦、卽指天心正運之一卦也。篇中露此二字、其間玄妙、難以名言。楊公雖指出天心一卦之端。而其下卦起星之訣、究竟未嘗顯言。則天機祕密、須待口傳。不敢筆之於書也。

姜氏曰。篇中八卦干支、縱橫錯舉、原非實義、細玩此節、何位何宮何地等句、卽知經文皆屬活句。非死句也。我師於前篇註中、切戒學者毋得執定方位。意在此爾。凡讀楊公書者、當知此意、非獨寶照而已。天玉靑囊、無不皆然。

釋義曰、八卦止有中間一卦可通。此卦卽是父母。卽是主人。從此流轉九星、卽知何字、落何宮、是貴是富、一無逃遁。然非明收山出煞之訣者不能也。

五星一訣非眞術。城門一訣最爲良。識得五星城門訣。立宅安墳定吉昌。堪笑庸愚多慕此。妄將卦例定陰陽。不向龍身觀出脈。又從砂水斷災祥。筠松寶照眞祕訣。父子雖親不肯說。若人得遇是前緣。天下橫行陸地仙。

傳曰、前章既言一卦下穴收山出煞之義。此章又直指城門一訣。楊公此論、可謂披肝露膽矣。此蓋五星之用。其要訣俱在城門。識得城門、而後五星有用。於此作二宅、無不興隆者矣。城門一訣、與龍身出脈正是一家骨肉、精神貫通。能識城門、乃能觀出脈。能觀出脈、便能識城門。故笑世人不能識此祕、而妄談卦例、從砂水上亂說災祥也。此以下、皆楊公鏤精抉髓之言。得此便是陸地神仙。父子不傳、夫亦師傳之禁戒如是。豈敢違哉。

釋義曰、識得五星、再要識得城門。能識城門、方能觀出脈。城門卽是水口。

識得五星城門訣、天下儘橫行。

世人只愛週迴好。不知水亂山顛倒。時師但云講八卦。卻把陰陽分兩下。陰山只用陽水朝。陰水只用陽山照。俗夫不識天機妙。自把山龍錯顛倒。胡行亂作害世人。福未到時禍先到。

傳曰、道德不云乎。常無欲以觀其妙。常有欲以觀其竅。此正丹家所謂玄關一竅。大道無多、只爭那些子。故曰不離這個。人身有此一竅、天地亦有此一竅。地理家須要識陰陽之竅。今人只愛週迴好、而不知那些子。些子合得天機、週迴不好亦好。些子不合天機。週迴雖好、不合用矣。陰山陽山、陰水陽水、皆現成名色、處處是死的。惟有那些子是活的。些子一變、陰不是陰、陽不是陽、陰可作陽、陽可作陰。故曰識得五行顛倒顛。便是大羅仙。世人不諳天機。誤將山龍來脈牽合乎陽理氣。執定板格、陰陽反成差錯、乃眞顛倒也。本欲造福、反以賈禍。楊公所以惻然於中而有是書也。

釋義曰、世人只愛週迴好、而不得那些子、週迴雖好亦屬無用。須要將天機納於玄竅之中也。

陽若無陰定不成陰若無陽定不生。陽水陰山相配合。兒孫天府早登名。

傳曰、此節并下節、尤爲全經傾囊倒篋之言。而泛泛讀過、則不覺其妙。蓋舉平洋龍法穴法、收山出煞、八卦干支之理、一以貫之矣。孤陽不生、獨陰不育、此雖通論。而大五行祕訣、只此便了。學者須在山水配合上着眼。所謂配合、自然配合、非尋一個陽以配陰、尋一個陰以配陽也。水即是陽、山即是陰。陰即是山、陽即是水。故只云陽水陰山、而不更言陰水陽山。知此者、可與讀寶照經矣。知此者、亦不必更觀寶照經矣。

釋義曰、獨陽不生、獨陰不育。須要陰陽配合、自然萬物化生。然此配合、乃是玄空卦內之配合。非關別處。

都天大卦總陰陽。玩水觀山有主張。能知山情與水意。配合方可論陰陽。

傳曰、急接上文都天大卦、豈有他哉。總不過陰陽而已。眞陰眞陽只在山水上看。而玩水觀山、須胸中別自有主張。此主張、非泛泛主張、乃乾坤眞消息。所謂天心是也。山情水意四字、全經之竅妙。今人孰不曰山水有情意。而不知世人所謂情意、非眞情意也。識此情意、則是陰陽便成配合。靑囊萬卷、盡在個中。嗚呼至矣。

釋義曰、能識都天大卦總陰陽、卽知山情水意。能識山情水意、卽能知陰陽交互之天心。

都天寶照無人得。逢山踏路尋龍脈。前頭走到五里山。遇着賓主相交接。欲求富貴頃時來。記取筠松眞妙訣。

傳曰上文說到山情水意都天大卦之理盡矣。此節又贊嘆而言此都天寶照不輕傳世者有人能傳以此觀山玩水、一到山情水意、賓主相交之處、用楊公訣法扦之頃刻之間造化在手。蓋一片熱腸、深望人之信從、而發此嘆也

釋義曰走到五里山賓主相交接、此賓主是眞賓主、眞夫婦、眞陰陽、眞配合五里山即是中五之玄妙、即是天心一卦、即是主人翁是也。

天有三奇地六儀天有九星地九宮。十二地支天干十。十干屬陽兮支屬陰。時師專論這般訣訣盡閻浮世上人。陰陽動靜如明得。配合生生妙處尋。

傳曰前篇贊嘆已足終篇又引奇門以比論者、蓋奇門主地、從洛書來、與地理大卦同出一原而時師用錯、所以不驗。惟有大五行、是奇門眞訣。欲知此訣只在陰陽一動一靜之間求其配合生生之妙、則在在有一陰陽。非干是

陽而支是陰、如此板格而已。蓋動靜卽是山情水意、卽是城門一訣、卽是收山出煞用一卦法。所謂龍到頭者、此也。所謂龍身出脈者、此也。所謂龍空氣不空者此也。也是名眞賓主。是名眞夫婦。是名眞雌雄。終篇又提出此二字、與上篇第三章動靜中間求一語首尾相應。楊公之旨抑亦微之顯矣夫。

姜氏曰、中篇一十三節、共一百四十六句、皆申明上篇第三章以下未盡之義、以終平洋龍穴之變。

釋義曰、時師將羅經格地格方、有何益處。不識陰陽都天大卦、總屬癡人說夢也。

下篇

蔣氏曰、上中二篇、歷敍山龍平洋正變之旨、自始至終、有本有末。文雖斷續、而義則相蒙。下篇所言、不過前篇餘義。而錯雜言之、無有條貫。每章各論一事文無承接、義無照應。淺者極淺、深者極深。學者分別觀之可也。

尋得眞龍龍虎飛。水城屈曲抱身歸。前朝旗鼓馬相應。下後離鄉着紫衣。

傳曰、此節專指山龍而言。眞龍之穴、龍虎分飛、非其病也。眞龍行急、龍虎之相隨亦急。急則兩砂之末乘勢逆回、有似分飛。昔人指爲曜氣。正眞龍靈氣發露之象也。然情既向外、則人事亦應之。主子孫他方發達。謂之離鄉砂也。

釋義曰、此節專指山龍而言。無論砂與曜、情勢向外、必至離鄉。

乙字水纏在穴前。下砂收鎖穴天然。當中九曲來朝穴。悠揚瀦蓄斗量錢。兩畔朝歸穴後歇。定然龍在水中蟠。若有聲爲數錢水。催官上馬御階前。

傳曰、自此以下八節、皆平洋水局形體吉凶之辨。此節言曲水纏身之格、歇在穴後。正前篇所謂後龍空坐正穴也。數錢水、假借爲義。俗而巧。

釋義曰、泊宅編、陳滉傳法於風僧哥、時時語人災祥、十得七八。滉未嘗識鄭氏故廬。忽謂鄭同曰、君宅前水、舊是數錢水聲、今變爲呵喝聲矣。鄭素高貲。至是散盡。而長子謬、宣和辛丑上舍登第。則此若有聲爲數錢水句、本於宋陳湜語而誤用之耳。姑不必論。要之此節以下、均言平洋。平洋隨身須要玉帶水當面屈曲來朝、愈多愈妙。

安墳最要看中陽。寬抱明堂水聚囊。出夾結成玄字樣。朝來鸞鳳舞呈祥。外陽起眼人皆見。乙字彎身玉帶長。更有內陽坐穴法。神機出處覓仙方。

傳曰、此言堂氣形局之美、至於內陽坐穴法、正前篇所謂來龍正坐及城門一卦之訣也。非神機仙術、烏足以語此。

釋義曰、安墳須看其中之陽氣。明堂水要聚囊。來龍水要節節屈曲迴繞朝來。朱雀要如鸞鳳翔舞。內堂水要如玉帶皆善矣、再將內陽坐正。

水直朝來最不祥。一條直是一條鎗。兩條名爲插脅水。三條云是三刑傷。四水射來爲四煞。八水名爲八煞殃。直來反去拖刀煞。徒流客死少年亡。時師只說下砂逆。禍來極速怎堪當。塍圳（音酬。田畔水溝也。）街路如此樣。亟宜遷改免災殃。

傳曰、此節極言直來凶格。蓋水神最忌木火。以其有殺氣、無元氣也。縱屬來朝、亦有損無益。況諸路交馳、漏風衝洩乎。旺元猶可。衰運無噍類矣。

釋義曰、以下多說壞處頗爲應驗。

前水來朝又擺頭。淫邪凶惡不知羞。乾流自是名繩索。自縊因公敗可憂。

傳曰、此曲水凶格。水神雖以曲爲吉。然曲處須節節整齊、乃合星格。若擺頭斜去、及如繩索樣、或大或小、或疎或密、或正或欹、皆是吉而凶。縱然發福、必有破敗。

釋義曰、面前之水、朝來歪邪不正、粗細不勻、即有此應。陰陽兩宅皆忌之。

左邊水反長男死。右邊水射少男亡。水直若然當面射。中男離鄉死道旁。東西南北水射腰。房房橫死絕根苗。貪淫男女風聲惡。曲背駝腰家寂寥。
左邊水反長男絕。離鄉忤逆皆因此。右邊水反少男傷。風吹婦女隨人走。當面水反中男當。斷定二房有損傷。左右中反房房絕。切忌墳塋遭此刼。

傳曰、以上數節、雖義淺而辭鄙。然其應甚速。以其切於用也。故存之。惟公位之分、不可盡拘耳。

釋義曰、以上兩節、其應均速。

一水裹頭名斷城。下之雖發未爲榮。兒孫久後房房絕。水到砂收反主興。

傳曰、平洋穴取近水。三方皆可逼窄、惟穴前明堂須寬容不迫、展舒穴氣。若一水裹頭、穴無餘氣、雖環抱亦不發。若面前另一枝水到、則又以接水呈秀、其逼窄之氣、有所發洩、反不爲凶爾。

釋義曰、平洋穴前、最不宜逼、若一水裹頭、而無另一枝水來、其氣不舒、暫發即絕。若另有一枝水來、名爲接水呈祥。丁財並盛。

茶槽之水實堪憂。莫作蔭龍一例求。穴前太偪割唇脚。不見榮兮反見愁。

傳曰、穴前池塘、水聚天心、名蔭龍水。本爲吉局。若硬直深坑、形似茶槽。既非佳格。或明堂寬曠、猶未見凶。更加急葬、穴氣太偪、則有凶無吉矣。同一穴前池水。形局軟硬、立穴緩急、其應不同。不可不深辨也。

釋義曰、穴前之水、狹窄而穢、形如茶槽。硬直深坑、而無和平之象。若再急葬、其凶更甚。而蔭龍之水、以香潔秀麗、而無水衣爲上。

玄武擺頭有多般。未可慳然執一端。或斜或側或正出。須憑直節對堂安。擺頭直出是分龍。須審何家龍脈縱。大山出脈分三訣。未許專將一路窮。

傳曰、玄武水來、本合後堂活龍之格、宜爲正坐之穴矣。然亦須詳其來法、以辨純雜、定吉凶。未可執一也。蓋水有偏出正出不同。惟直節對堂安、乃是眞玄武水。若擺頭曲來、而又直出前去、一曲一直之間、龍脈不一、是謂分龍。不必分兩道而後謂之分龍也。須察其曲來是何脈、直去是何脈。細細推詳、而後可定其何家蹤跡、以便下卦。若是水大、則不止一宮之氣。正坐是一脈、偏左又是一脈、偏右又是一脈。故云分三訣也。論坐後之脈、精詳曲當、搜剔無遺、乃至於此。可謂明察秋毫者耶。

釋義曰、玄武擺頭、卽曲水後來。然須屈曲而來、節節正齊、乃是眞玄武。穴當正坐。若擺頭曲來、形不正齊、粗細偏斜。其水不吉。若再到穴而直出。其氣洩而不聚。須要看其來是何卦、出是何卦、細細推詳。其地可用則用。不可用、則另覓佳者。

家家墳宅後高懸。太陽不照太陽偏。必主其家多寂寞。男孤女寡實堪憐。

傳曰、此卽後空之義。因世人都喜後高、故復叮嚀。如此人但知後高爲有坐托。不知其掩蔽陽光、而偏照陰氣。生機斬絕、人口伶仃、故有孤寡之應也。可不戒與。予觀人家穴後有挑築兩三重照山、以補後托、未有不大損人丁、甚至敗絕無後者。利害攸關。特爲指出。此節單言平洋格法。若是山龍之穴、又以後高爲太陽正照而吉、後空爲失陷而凶。議者莫錯會也。

姜氏曰、以上九節、首節言山龍。後八節言平洋。皆形局也。

釋義曰、平洋坐空、反有眞龍。坐實、反無眞龍。與山相反。山龍後高爲托。謂之吉照。平洋後空爲活。謂之吉氣。

貪武輔弼巨門龍。方可登山細認蹤。水去山朝皆有地。不離五吉在其中。

傳曰、此節及下文九星、皆指形局而言。蓋見其星體合吉、方登山而定其方位。若形局方位皆吉、卽水去亦吉。今人動云第一莫下去水地。謬矣。

釋義曰、此貪巨武輔弼、皆言星體山水之形。不可錯認字面。見山水之形象有此五吉星體者、方可登山認其蹤蹟。必有地矣。
破祿廉文凶惡龍。世人墳宅莫相逢。若然誤作陰陽宅、縱有奇峯到底凶。
傳曰、此二節、專言平洋九星水法。
釋義曰、破祿文廉、亦言山水之形體。此均爲凶格。如果一方形象均是破祿文廉凶星、切不可作陰陽二宅。雖有一二奇異之好峯、亦屬無用、而其凶必驗也。
本山來龍立本向。返吟伏吟禍難當。自縊離鄉蛇虎害。作賊充軍上法場。明得三星五吉向。轉禍爲祥大吉昌。
傳曰、本山本向、非子龍子向、丑龍丑向、倒騎龍之謂也。蓋指八卦納甲而言。山龍有納甲本卦向法、皆淨陰淨陽。其在平洋向法、反不拘淨陰淨陽、而以本卦納甲干支、位位作返吟伏吟、凶不可當。三星與五吉不同。三星言龍體。

五吉言卦氣。消詳龍體。卦氣之中、自有天然向法。可不犯本宮。而災變爲祥矣。

釋義曰、不明三星五吉之向、而誤立遊年卦例返吟伏吟之向、卽有此應。龍眞穴正誤立向。陰陽差錯悔吝生。幾爲奔走赴朝廷。纔到朝廷帝怒形。緣師不曉龍何向。墳頭下了剝官星。

傳曰、此言龍穴雖眞、而誤立本宮之向、陰陽不和、至於剝官也。蓋地理雖以龍穴爲重。發與不發、專由龍穴。而立向坐宮、又穴中迎神引氣之主宰。此處不淸潔、如玉之瑕、不成美器矣。致廣大而盡精微、又何可不詳審也耶。此所謂向、非以山向五行起長生爲消納也。亦非小玄空生出剋出、生入剋入之說。學者愼之。

姜氏曰、以上四節、皆言平洋理氣之用。

釋義曰、雖得眞龍正穴、其向錯訛、卽有此應。雖發大減力矣。
尋龍過氣尋三節。父母宗支要分別。孟山須要孟山連。仲山須要仲山接。干奇支耦細推詳。節節照定何脈良。若是陽錯與陰錯。縱吉星辰發不長。一節吉龍一代發。如逢雜亂便參商。
傳曰、此等卦理。中上二篇論之已詳。反覆叮嚀、致其深切之意。又指明發福世代久暫之應、全在龍脈節數長短。故父母宗支要分別也。
釋義曰、龍脈只要三節不亂、便是眞地。若陰陽差錯、雖發不久。一節應一代。節數愈多愈妙。如果雜亂、卽不成器矣。以好壞不一耳。
先識龍脈認祖宗。蜂腰鶴膝是眞蹤。要知吉地行龍止。兩水相交夾一龍。夫婦同行脈路明。須認劉郎別處尋。平洋大水收小水。不用砂關發福久。水口石是人物形。定出擎天調鼎臣。

傳曰、此節兼論山龍平洋。言山龍眞脈。則取蜂腰鶴膝爲過峽。而平洋則不然。只取兩水相交爲來龍行脈。不在過峽上看脈也。但須脈上推求、識干支純雜、夫婦配合之理。如此宮不合、又當別求他宮、不可牽強誤下。故云劉郎別處尋。且山龍取砂爲關。而平洋不用砂關。只要大水行龍、收入小水結穴。有此小水引動龍神、千流萬派其精液皆注歸小水、以蔭穴氣。此平洋下穴祕旨。一語道破、混沌之竅鑿矣。觀此則知所謂兩水相交、非謂左右兩水會穴前、而龍從中出、謂之行龍也。正謂大水與小水相交之處、乃眞龍之行、直穴之止也。既有此小水收盡源頭。又何慮砂水之爲我用與否。豈砂之攔阻能強之者耶。人且不可強。而况於水。若水口捍門。此山龍大地、雄峙一方之勢。蓋將山比擬。楊公祕愼之旨、互文隱意。雖若並陳、大旨偏重平陽、而以山龍相映發、以辨其不同途爾。學者貴言外會心。若不知剖析、而視爲一路之說將雜亂而無緒矣。

釋義曰、此節山洋大地兼說。而山地認龍脈、須要蜂腰鶴膝、雌雄胎伏。而平洋只要認其兩水相交、便爲龍脈。要大水收入小水、節節停勻、干支相配。若水口華表捍門禽星人物形。此山龍大地。必出大人物。此山川之靈秀也。

龍若直來不帶關。支兼干出是福山。立得吉向無差誤。催祿催官指日間。

傳曰、此亦上下二篇所已詳。蓋四正爲例、而其餘自在言外。非位位取地支也。

釋義曰、龍須支兼干出。既干支兼出、再立向無訛。方爲全美。

乾坤艮巽脈過凹。節節同行不混淆。向對甲庚壬丙水。兒孫列土更分茅。仲山過脈不帶關。三節山水同到前。斷定三代出官貴。古人準驗無虛言。

傳曰、此則單指四隅龍格、反取干神。並不言及辰戌丑未。則其非專重地支可知矣。脈是內氣、而向對之、水是外氣、兩不相妨也。楊公辨龍審卦之妙、口口說重地支而本旨實非重地支。世人被他瞞過多矣。豈知一隻眼逗漏於此節。學者其毋忽哉。

釋義曰、乾坤艮巽之龍、須對甲庚壬丙之水。龍是內氣、而向對之、水是外氣。此格張山食水而結於大水口者也。乾坤艮巽對甲庚壬丙之水、乃是借干支卦理而說地理。此是隱謎。總之奇數之龍、須對偶數之水。奇逆偶順。觀洛書自明。

發龍多向支神取。若是干神又不同。支若載干爲夫婦。干若帶支是鬼龍。子癸爲吉壬子凶。三字眞假在其中。乾坤艮巽天然穴。水來當面是眞龍。要識眞龍結眞穴。只在龍脈兩三節。三節不亂是眞龍。有穴定然奇妙絕。千金難買此玄文。福緣遇者毋輕洩。依圖立向不差分。榮華富貴無休歇。時師不明勉強扦。雖發不久卽敗絕。

傳曰、發龍多取支神、此乃用支之卦也。干神不曰無取。而乃曰若是干神又不同。明明有用干之時。而特與用支者不同爾。干帶支爲鬼龍。只就子癸壬子一宮爲例、其眞其假、三字之中迥然差別。何以乾坤艮巽獨名天然穴。蓋直以乾坤艮巽爲龍。不更轉尋名相。故曰天然。若他龍、則干支卦位非一名矣。水來當面是眞龍。此語石破天驚、鬼當夜哭。蓋乾坤艮巽之穴、又與取支惡干者不同。觀此則寶照之訣、實非單重支神、洞然明白矣。至於格龍之法。止要兩三節不差錯。則卦氣已全。不必更求於四五節之外。恐人拘泥太過、遇着好龍當面錯過。所以發此。非楊公遷就之說也。但此兩三節、定要淸純。若到顚節數略有勉強。不能無誤。又戒作者須其難其愼也。

釋義曰、發龍取支神、是一格。而乾坤艮巽天然穴、水來當面是眞龍、此又是一格。然來龍要長遠、所謂百里來龍百里案、千里來龍千里案。龍身愈長愈佳。節數愈多愈妙。然看來龍出脈、只要三節不亂、卽是眞龍。不必過於苟求。恐遇大地、當面錯過也。

一個星辰一節龍。龍來長短定枯榮。孟仲季山無雜亂。數產人龍上九重。節數多時富貴久。一代風光一節龍。

傳曰、此亦論平洋龍神節數、以定世代近遠之應。總在行度之純雜上斷也。

姜氏曰、以上六節、皆言平洋大五行之法。蓋中上二篇所已明、而反覆互見者也。

釋義曰、所有來龍、節數雖多、不可雜亂。須孟山歸孟山、仲山連仲山、季山接季山。一節星辰、一代風光也。

平砂玉尺辨僞

清蔣平階大鴻著

總論

案下所列之論辨共八首此其書首也

地理多僞書。平砂玉尺者、僞之尤者也。或曰、是書也、以世目視之、儼然經也。子獨辨其僞、何居。曰、惟世皆以爲經也、余用是不能無辨。今之術家、守之爲金科玉律、如蕭何之定漢法。苟出乎此、不得爲地理之正道。術士非此不克行。主家非此不敢信。父以教其子。師以傳其弟。果能識此、即可以自號於人曰堪輿家。延之上座、操人身家禍福之柄而不讓、拜人酒食金帛之賜而無慚。是以當世江湖之客、寶此書爲衣食之利器。譬農之耒耜、工之斧斤。其於謀生之策、可操券而得也、有朝開卷而成誦、暮挾南車以行術者矣。豈知其足以禍世、如是之酷哉。知其禍世而不辨、余其無人心者哉。或曰、是書之來也、遠矣。子又安知其爲僞也。乃從而辨之曰、我亦辨之以理而已矣。或曰、此亦一理也。彼亦一理也。安知子之理是、而彼之理非與。曰、余邀惠於先之賢哲、而授余以黃石青烏楊公幕講之祕要。竊自謂於地理之道、得之眞而見之確矣。故於古今以來所謂地理之書、無所不畢覽。凡書之合於祕要者爲眞。不合祕要者爲僞。而此書、不合之尤者也。既得先賢之祕要。又嘗近自三吳兩浙、遠之齊魯豫章八閩之墟、縱觀近代名家墓宅、以及先世帝王聖賢陵墓古蹟、考其離合、正其是非。凡理之取驗者爲眞、無所取驗者爲僞。而此書、不驗之尤者也。故敢斷其僞也。蓋以黃石青烏楊公幕講斷之、以名家墓宅先世古蹟斷之。非余敢以私見臆斷之也。或曰、然則秉忠之課、伯溫之註、非與。曰、此其所以爲僞也。夫地理者、裁成天地之道、輔相天地之宜、以經邦定國、禍福斯民者也。三代以上、明君哲相、無不知之。世道下衰、其說隱祕。而寄之乎山澤之癯、逃名避世之士。智者得之、嘗以輔翼興王、扶持景運。而其說之至者、不敢顯然以告世也。文成公之事太祖、其最著者矣。及其沒也、盡舉生平所用天文地理數學之書進之內府、從無片言隻字存於家、而教其子孫。況肯著書立說以傳當世耶。故凡世本之稱青田者、皆僞也。均之佐命之英。知青田、則知秉忠矣。或曰、何是書之文辭、井井乎若有可觀者也。曰、其辭近是、其理則非。蓋亦世之通人、而不知地理者、以意爲之、而傅會其說、託之乎二公者也。余特指其謬而一一辨之、將以救天下之溺於其說者。

辨順水行龍

山龍之脈、與平壤龍脈、皆因水以驗其脈之動靜。而皆不卽水以驗其脈之去來。今先言山龍。夫山、剛質也。水、柔質也。山之孔竅、而水出焉。故兩山之間、必有一水。山窪下之處、即水流行之道。水隨山而行。非山隨水而行也。山之高者、脈所從起。山之卑者。脈所從止、山自高而卑、故水亦從之自高而卑。此一定之理也。往往大溪大澗之旁、小幹龍所憩焉。大江大河之側、大幹龍所休焉。蓋來山之衆支聚於此、故來水之衆派亦聚乎此也。然據水之順逆論脈之行止、但可就其大概而言爾。若必謂水於此界、脈即於此斷、水向左流、脈必不向右行、則不可也。夫龍脈之起伏轉摺千變而不窮。有從小江小湖、崩洪而過者矣。有從大江大湖、越數十百里、不知其蹤跡端倪而過者矣。有收本身元辰小水、逆行數里而結者矣。有向大幹水、逆奔數百里而結者矣。龍之眞者、水愈斷、而其過脈愈奇、勢愈逆、而其骨力愈壯。豈一水之横流可遏之使斷、牽之使前乎。今玉尺云順水直衝而逆回結穴、方知體段之眞。若逆水直衝、而合襟在後、斷是虚花之地。衆水趨歸東北、而坤申之氣施生。羣流來向巽辰、而乾亥之龍毓秀。甲卯戌胎、不食酉辛之氣。午丁生意、豈乘坎癸之靈。據此而言、是天下必無逆水之龍也。或曰、子所言者、山龍也。玉尺所言、平壤也。故其言曰、乾源曠野、鋪氈細認交襟。極隴平坡、月角詳看住結。山龍有脈可據、故有逆水之穴。平壤無脈可尋、止就流神之去來、認氣之行止。豈與山之過峽起伏同年而語乎。子生平專分山水二龍、以正告天下。何又執此論也。解之曰、平壤固純以流神辨氣、與山之脈峽不同。至以水之來去爲氣之行止、則我不取。我以爲酉辛水到、則甲卯之胎愈眞。癸坎流來、則午丁之靈益顯。坤申生氣、衆水必無東北之趨。乾亥成龍、羣流必無巽辰之向。由此而言、玉尺不但於山龍特行特結之妙、茫然未知。且於平壤雌雄交媾之機、大相背謬。至其統論三大幹龍、而以爲北幹乃崑崙之丑艮出脈、而龍皆坤申。南幹乃崑崙之巽辰出脈、而龍皆乾亥。中條乃崑崙之寅甲卯乙出脈、而龍皆庚辛。註者遂實其辭曰、北幹無離巽艮震穴。中幹無震巽艮穴。建康止有南離。臨安止有坤兌。八閩止有坤申。固哉、玉尺之言龍也。夫舉天下之大勢。大抵自兌之震、自乾之巽、自坤之艮者、地勢之從高而下然也。至於龍之剝換傳變、豈拘一方。眞脈性喜逆行、大地每多朝祖。若執此書順水直衝之說、遇上格大地、反以爲不合理氣而棄之。而專取傾瀉奔流、蕩然無氣之地、誤認爲眞結而葬之。其貽害於人、焉有限量。余故不得已叮嚀反覆以辨之也。

辨貴陰賤陽

易曰、立天之道曰陰與陽。惟此二氣、體無不具、用無不包。是二者、不可偏廢、故曰獨陽不生、獨陰不長。是二者未嘗相離、故曰陽根於陰、陰根於陽。舍陽而言陰者、非陰也。舍陰而言陽者、非陽也。聖人作易、必扶陽抑陰者、何也。曰、道一而已。故曰乾分而爲二、而名之曰坤。以兩儀之對待者言曰陰陽。以一元之渾然者言、惟陽而已。言陽而陰在其中矣。而就人事言、則陽爲君子、陰爲小人、內君子外小人爲泰、內小人外君子爲否。由此言之、陽與陰不可分也。苟其分之、則貴陽賤陰、如聖人之作易可也。若貴陰賤陽、是背乎聖人作易之旨、而亂天地之正道也。玉尺乃以艮巽震兌四卦爲陰之旺相而貴之、以乾坤坎離四卦爲陽之孤虛而賤之。卽以納甲八干十二支、丙納於艮、辛納於巽、庚納於震、而亥卯未從之。丁納於兌、而巳酉丑從之。十者皆謂之陰而貴。以甲納乾、以乙納坤。以癸納坎、而子申辰從之。以壬納離、而午寅戌從之。十者皆謂之陽而賤。於是當世之言地理者、不論地之眞僞若何。凡見陰龍陰水陰向、則槪謂之吉。而見陽龍陽水陽向、則槪謂之凶。此乖謬之甚者也。夫吉凶之理、莫著於易。易六十四卦各有其吉、各有其凶。八卦、六十四卦之父母也。豈有四卦純吉、四卦純凶之理。八干十二支亦然。吾謂論地止論其是地非地。不當論其屬何卦、體屬何干支。若果龍眞穴的、水神環抱、坐向得宜、雖陽亦吉也。若龍非眞來、穴非眞結、砂飛水背、坐向偏斜、雖陰亦凶也。又拘所謂三吉六秀、而以爲出於天星。考之天官家言、紫微垣在中國之壬亥方、而太微垣在丙午方、天市垣在寅艮方。且周天二十八宿、分布十二宮、皆能爲福、皆能爲災。地之二十四干支、上應列宿、亦猶是也。何以在此爲吉、在彼爲凶。此與天星之理、全乎不合。至謂乾坤爲老亢、辰戌爲魁罡、丑未爲暗金殺、種種悖理。夫乾坤乃諸卦之父母、六子皆其所產。何得爲凶。老嫩之辨在於龍、龍之出身嫩、即乾坤亦嫩也。龍之出身老、即巽辛兌丁亦老也。斗之載匡爲魁。斗柄所指爲天罡。此樞斡四時、斟酌元氣、造化之大柄也。理數家以爲天罡所指、衆煞潛形。何吉如之、而反以爲凶耶。五行皆天地之經緯、何獨忌四金。且庚酉辛、金之最堅剛者也、既不害其爲吉、而獨忌四隅之暗金。甚無謂矣。諸如此類、管郭楊賴從無明文。不知妄作、流毒天下、始作俑者、其無後乎。我不禁臨文而三歎也。

辨龍五行所屬

盈天地間、止有八卦。先天之位曰天地定位、山澤通氣、雷風相薄、水火不相射。八卦總之陰陽而已、山陽澤陰、雷陽風陰、水陽火陰、皆兩儀對待之象。對待之中、化機出焉。所謂玄牝之門是爲天地根。一陽一陰之謂道。八卦者、天地之體。五行者、天地之用。當其爲體之時、未可以言用也。故坎離爲水、此先天之水、不可以有形之水言也。離雖爲火、此先天之火、不可以有形之火言也。故艮爲山而不可以土言也。兌爲澤而不可以金言也。震巽爲風雷、而不可以木言也。故以八卦屬五行、而論龍之所屬者、皆非也。若論後天方位八卦、以坎位北而爲水、以離位南而爲火、以震位東而爲木、以兌位西而爲金、似矣。四隅皆土也、又何以巽木乾金不隨四季而隨春秋耶。此八卦五行之一謬也。及論二十四龍、則又造爲三合之說。復傅會之以雙山。更屬支離牽強、而全無憑據。夫旣以東南西北爲四正五行、則巳丙丁皆從離而爲火、亥壬癸皆從坎而爲水、寅甲乙皆從震而爲木、申庚辛皆從兌而爲金、辰戌丑未皆從四隅而爲土、猶之可也。今又以子合辰申而爲水、幷其鄰之坤壬乙亦化爲水。以午合寅戌而爲火、幷其鄰之艮丙辛亦化爲火。以卯合亥未而爲木、幷其鄰之乾甲丁亦化爲木。以酉合巳丑而爲金、幷其鄰之巽庚癸亦化爲金。論八卦則卦爻錯亂。論四令則方位顚倒。此三合雙山之再謬也。所謂多岐亡羊、朝令夕改、自相矛盾。不特悖於理義、而亦不通於辭說者矣。又以龍脈之左旋右旋而分五行之陰陽、曰亥龍自甲卯乙丑艮寅壬子癸方來者爲陽木龍。亥龍自未坤申庚酉辛戌乾方來者爲陰木龍。其餘無不皆然。謬之謬者也。又以龍之所屬而起長生沐浴冠帶臨官帝旺衰病死墓絕胎養。又以龍順逆之陰陽、分起長生、曰陽木屬甲、長生在亥、旺於卯、墓於未。陰木屬乙長生在午、旺於寅、墓於戌。其餘無不皆然。舉世若狂、以爲定理。眞可哀痛。夫五行者、陰陽二氣之精華。散於萬象、周流六虛。盈天地之內、無處不有五行之氣、無物不具五行之體。今以龍而言、則直者爲木、圓者爲金、曲者爲水、銳者爲火、方者爲土。又窮五行之變體而曰貪狼木、巨門土、祿存土、文曲水、廉貞火、武曲金、破軍金、左輔土、右弼金。五行之變盡矣。此楊曾諸先覺、明目張膽以告後人者也。夫此九星五行者。或爲起祖之星、或爲傳變之星、或爲結穴之星、或爲夾從輔佐之星、或兼二、或兼三、或兼四、甚而五星傳變、則地大不可名言。此以見五行者、變化之物、未有單取一行不變以爲用者也。今不於龍體求五行之變化、而但執方位論五行之名字。是使天地之生機不變不化、取其一、盡廢其四矣。又從方位之左右旋分五行之陰陽。是使一氣之流行、左支右絀、得其半、并未全其一矣。試以物產言之。隨地皆生五材。

者曰南方火地無大水、北方水地不火食、西方金地不產名材、東方木地不產良金。有是理乎。試以稟性言之。盡人皆具五德。若曰東方之人皆無義、西方之人皆無仁、北方之人皆無禮、南方之人皆無智。有是理乎。且獨不觀四時之流行乎。春氣一噓而萬物皆生。不特東南生、而西北無不盡生。秋氣一肅而萬物皆落。不特西北落、而東南無不盡落。是生殺之氣不可以方隅限也。又不觀五材之利用乎。棟梁之木遇斧斤而成材、入冶之金須鍛鍊而成器。大塊非耒耜不能耕耘。清泉非爨燎不能飲食。道家者流、神而明之、故有水火交媾、金木合并之義、以爲大丹作用。即大易既濟婦妹之象也。故曰識得五行顚倒顚、便是大羅仙、相生者何嘗生、相尅者何嘗尅乎。今玉尺曰癸壬來自兌庚乃作體全之象。坎水迎歸寅卯、名爲領氣之神。金臨火位、自焚厥屍。木入金鄉、依稀絕命。火龍畏見兌庚、遇北辰而自廢。東震愁逢火劫、見西兌而傷魂。是山川有至美

之精英、而以方位廢之也。且五行之論生旺墓、而亦限之以方位。其說起於何
人。若以天運言。則陽升而萬物皆生、陰升則萬物皆死。無此生彼死、此死彼生
之分也。若以地脈言。則有氣則在在皆生、無氣則在在皆死。無此生彼墓、此旺
彼衰之界也。今龍必欲自生趨旺、自旺朝生。水必來於生旺、去於囚謝。砂之高
下亦如之。皆因誤認來龍之五行所屬、於是紛紛不根之論咸從此而起也。更
有謂龍之生旺墓若不合、別有立向消納之法。或以坐山起五行、或以向上論
五行。不知山龍平壤皆有一定之穴、生成之向。豈容拘牽字義、以意推移。朝向
論五行、固爲乖謬。坐山論五行、亦未爲得也。玉尺又兩可其說曰。可合雙山作
用法、聯珠之妙、宜從卦例、推求尊納甲之宗。又何其首鼠兩端、從無定見耶。我
願世之學地理者、山龍止看結體之五星、平壤止看水城之五星。此乃五行之
眞者。苟精其義、雖以步武楊賴、亦自不難。至於方位五行、不特小玄空生剋出

入宗廟洪範雙山三合斷不可信。卽正五行八卦五行、亦不可拘。此關一破。則正見漸開、邪說盡息。地理之道、始有入門。嗟乎、我安得盡洗世人之肺腸、而曉然告之以玄空大卦天元九氣之眞訣、使黃石青囊之祕昭昭乎若揭日月而行也哉

辨四大水口

夫四大水口、有至理存焉。楊公書中、未嘗發露。惟希夷先生闡關水法、倡明八卦之理。而四大水口之義寓於其中。此乃黃石公三字青囊所固有。楊公特祕而不宣。卽希夷、猶引而不發也。今人不知天元八卦之妙用。妄以凡庸淺見測之。遂以爲辰戌丑未爲五行墓庫之方、輒以三合雙山傅會之、曰乙丙交而趨戌、辛壬會而聚辰、斗牛納丁庚之氣、金羊收癸甲之靈。嗚呼、謬矣。以三合五行超長生墓庫之非、卽龍上五行左旋爲陽右旋爲陰、而同歸一庫穿鑿不通之

論、前篇皆已辨之。獨此四大水口、原屬卦氣之妙用、靑囊之正訣、而亦爲此輩牽合錯解、以僞亂眞。余每開卷至此。不勝扼腕。故又特舉而言之。夫圖南先生八大局、皆從洛書八卦中來。一卦有一卦之水口。舉四隅之卦而言、則有四。若兼四正之卦而言、其實有八。然括其要旨、卽一水口、而諸卦之理已具。學者苟明乎此、山河大地、布滿黃金矣。特以天心所祕、非人勿傳。故不敢筆之於書。聊因俗本微露一端。任有夙慧者、死心自悟。若以爲陽艮龍丙火、交於乙、墓於戌。陰亥龍乙木、交於丙、亦墓於戌。以爲天根月窟、雌雄交媾、玄竅相通。種種癡人說夢、總因誤認諸家五行、不知卦氣之理。以訛傳訛、盲修瞎鍊。吾徧觀古來帝王陵寢。以及公卿名墓、何嘗有合此四語者。若用此四語擇得合格之地、總與地理眞機無涉。其爲敗絕、亦猶是也。所謂勞而無功。聞余言者、不識能暢然動於中否。

辨陰陽交媾

天地之道、不過一陰陽交媾而已。天地有一大交媾。萬物各有一交媾。變變化化、施之無窮。論其微妙、莫可端倪、而實有其端倪。故曰玄牝之門、是爲天地根。地理之道、若確見雌雄交媾之處、則千卷青囊、皆可付之祖龍矣。斯理甚祕而實在眼前。若一指明、觸目可覩。然斷不從五行生旺墓上討消息也。玉尺乃曰有乙辛丁癸之婦、配甲庚丙壬之夫。又曰、陰遇陽而非其類、號曰陽差。陽見陰而非其偶、名曰陰錯。仍取必於乙丙之墓戌、辛壬之墓辰、丁庚之墓丑、癸甲之墓未。此眞三家村學究之見也。夫陰陽之交媾、自然而然、不由勉強、亦活潑潑地、不拘一方。豈可以方位板格死煞排算乎。卽以天地之交媾者言。天氣一降、地氣一升而雨澤斯沛矣。子能預定天地之交於何方、合於何日乎。更以男女之交媾者言。陽精外施、陰血內抱、而胎元斯孕矣。子能預擬胎孕之何法而成。

何時而結乎。知天地男女之不可以矯揉造作、則知地理之所謂天根月窟亦
猶是矣。此惟楊公都天寶照言之鑿鑿。不啻金針暗度。余因辨玉尺之謬、而偶
洩於此。具神識者、精思而冥悟之、或有鬼神之告也。

辨砂水吉凶

今之地理家、分龍穴砂水爲四事。或云龍雖好、穴不好。或云龍穴雖好、砂水不好。何異癡人說夢。古之眞知地理者、只有尋龍定穴之法、無尋砂尋水之法。正以雖有四者之名、而其實一而已矣。穴者龍之所結、水者龍之所源、砂者龍之所衞。故有是龍則有是穴、有是穴則有是砂水。未有龍穴不眞而砂水合格者也。亦未有龍眞穴的而砂水不稱者也。玉尺反曰龍穴之善惡從水、猶女人之貴賤從夫。穴雖凶而水吉、尙集諸祥。是以本爲末、以末爲本、顚倒甚矣。且其所謂吉凶者、只取四生三合、雙山五行、論去來之吉凶、而以來從生旺、去從墓絕

者爲吉、反此者爲凶。既屬可笑。又以砂水之在淨陰方位者爲吉、在淨陽方位者爲凶。尤爲拘泥。夫水之吉凶、只辨天元衰旺之氣。砂者、借賓伴主。只要朝拱環抱。其形尖員平正、秀麗端莊、皆爲吉曜。若斜飛反去、破碎醜拙、則爲凶殺。或題之曰文筆、曰誥軸、曰御屛、曰玉几、曰龍樓、曰鳳閣、曰仙橋、曰旗幟、曰堆甲屯兵、曰煙花粉黛。諸多名色、皆以象取之、類應之、而不可拘執。亦須所穴者果是眞龍胎息、精靈翕聚、而後一望臚列、皆其珍膳爾。假如一山數塚、同見貴砂、而一塚獨發、其餘皆否。豈非貴之與賤、在龍穴、而不關於砂乎。況四神八國、並起星峯、皆堪獻秀。何必淨陰之位則吉、淨陽之位則凶。龍穴無貴陰賤陽之分。砂水又豈有貴陰賤陽之分耶。其云文筆在坤申爲詞訟。旗旌見子午爲刧賊。高峯出南離、恐驚囘祿。印星當日馬、必遭瞽疾。乾戌爲鼓盆之殺。坤流爲寡宿之星。寅甲水瘋疾纏身。乙辰水、投河自縊。又云未離胎而夭折、多因衝破胎神。纔出世而身亡、蓋爲擊傷生氣。四敗傷生、雖有子而母明父暗。旺神投浴、恐居官而淫亂可羞。諸如此類、不可枚舉。立辭愈巧、其理愈虛。一謬百謬、難以悉辨。總其大旨、曰廢五行衰旺之說、破陰陽貴賤之名、可以論龍穴、卽可以論砂水矣。我於是書、取其四語。曰本主興隆、殺曜變爲文曜。龍身微賤、牙刀化作屠刀。此則沙中之金、石中之玉也。采葑采菲、無以下體。故特舉而存之。

辨八煞黃泉祿馬水法

水法中有祿上御街、馬上御街。其說鄙俚不經、而最能使俗人豔慕。又有黃泉八煞二種禁忌、使人望而畏之、若探湯焉。我以爲其說皆妄也。夫祿馬貴人起例、見於六壬。在易課中已屬借用。與地理祿命皆無干涉。世人學術無本。一見干支、便加祿馬。推命家用之。地理家亦用之。東挪西借、以張之子孫繼李之祖宗。血脈不通。鬼神不享。此在楊曾以前、從不見於經傳。後之俗子、妄加添設。不辨自明。夫地理之正傳、止以星體爲巒頭、卦爻爲理氣。舍此二者、一切說玄說妙、且無所用之。況其鄙俗之甚者乎。其所稱馬貴者、亦有之矣。曰貴人、曰天馬。此皆取金峯而爲名、不在方位也。水之御街、亦以形論、非以方言。至於八煞黃泉、尤無根據、全然揑造。更與借用者不同。夫天地一元之氣、周流六虛。八卦方位、先天後天、互爲根源。循環交合、相濟爲用。得其氣運則皆生、逢其氣運則皆死。但當推求卦氣之興衰、以爲趨避耳。從無此卦忌見彼卦、此爻忌見彼爻之理。若失氣運、則巽見辛、艮見丙、兌見丁、坤見乙、坎見癸、離見壬、震見庚、乾見甲、本宮納甲正配、尙足以興妖發禍。若得氣運、雖坎龍坤兔震猴巽雞乾馬兌蛇艮虎離猪、而卦氣無傷、諸祥自致。我謂推求理氣者、須知有氣運隨時之眞煞。實無卦爻配合之煞曜。今眞煞之刻期刻應、剝膚切骨者、不知避、而拘拘忌八曜之假煞。亦可悲矣。黃泉、卽四大水口、而強增名色者也。故又曰四個黃泉能殺人。辰戌丑未爲破軍。四箇黃泉能救人、辰戌丑未爲巨門、故又文飾其名曰救貧黃泉。夫既重九星大玄空水法、則不當又論黃泉矣。何其自相矛盾、一至於此。或亦高人心知其誣、而患無以解世人之惑。故別立名色、巧爲寬譬耶。未可知也。其實則單論三吉水可矣。不必論黃泉也。且黃泉所忌、於彼所言淨陰淨陽、三合生旺墓水法、皆不盡合。若論陰陽。則乙忌巽是矣。而丙則同爲純陰。庚丁忌坤申、癸忌艮、辛忌乾是矣。而壬則同爲純陽。何以亦忌。此於淨陰淨陽自相矛盾也。若論三合五行。則乙水向見巽、丁木向見坤、辛火向見乾、金癸向見艮、同爲墓絕方。忌之是矣。丙火向見巽、庚金向見坤、壬水向見乾、甲木向見艮、皆臨官方也。何以亦忌。此於三合雙山自相矛盾也。我即彼之謬者、而以證其謬中之謬。雖有蘇張之舌、亦無辭以復我矣。玉尺遂飾其說曰、八殺黃泉、雖云惡曜。若在生方、例難同斷。此眞掩耳盜鈴之術。既云惡曜矣。又烏得云生方。

既云生方矣、又焉得稱惡曜。孰知惡曜固不眞、而生方亦皆假也。或者又爲之辭曰、黃泉忌水去而不忌來。或又曰忌水來而不見去。總屬支離、茫無一實。我謂氣運乘旺、雖黃泉而但見其福。運氣當衰、雖非黃泉而立見其禍。苟知其要、不辨自明。而我鰓鰓然論之不置者、以世人迷惑已久、如墮深坑、無力自脫。多方曉譬、庶以云救也。嗚呼、當世亦有見余此心者耶。

辨分房公位

夫葬者、所以安親魄也。親魄安、則衆子皆安。親魄不安、則衆子皆不安。今之世家巨族、往往累年不葬。甚至遲之又久、終無葬期。一則誤於以擇地爲難。再則誤於拘分房之說。一子之家猶可。子孫愈多、爭執愈甚。遂有挾私見以隄防、用權謀以自便者矣。有時得一吉地、惑於旁人之言、以爲不利於已而阻之者。阻之不已、竟葬凶地、同歸於盡。亦可哀哉。原其故、皆地理書公位之說爲之禍根。

使人滅倫理、喪良心、無所不極其至也。豈知葬地如樹木。根荄得氣、則衆枝皆榮。根荄先撥、則衆枝皆萎。亦有一枝榮一枝萎者、外物傷殘之耳。葬親者、但論其地之吉凶。斷不可執房分私見。吾觀古來名宗巨室、往往共一祖地、各分均發者甚多。亦有獨發一房、或獨絕一房者。此有天焉、不可以人之智巧爭也。或問曰、然則公位之說、全謬與。又何以有獨發獨絕者耶。曰、是固有之。而非世人之所知也。其說在易、曰震爲長男、坎爲中男、艮爲小男、巽爲長女、離爲中女、兌爲少女、孟仲季之分房、由此而起也。然其中有通變之機。非屬此卦、卽應此子應此女之謂也。玉尺乃云胎養生沐屬長子、冠臨旺衰屬仲子、病死墓絕屬季子。卽就彼之言以折之。生則諸子皆生矣、旺則諸子皆旺矣、死絕則諸子皆死絕矣、何爲以此屬長、以此屬仲、以此屬季。曰、亦以其漸耳。折之曰、以爲始於胎養、繼而生旺、既而死絕、似矣。若有四子、以往、則又當如何耶。其轉而歸於生旺耶。抑另設何名以應之耶。此不足據之甚者也。世人愼勿惑於其說也。

總論後

案此總論後三字頗覺奇異。大抵既有書首、故再爲書後。此其書後耳。

蔣子作玉尺辨僞既成。或問曰、子於是書詆謬、辨之則既詳矣。子謂吉凶之理存乎地、而非方位之所得而限也。然則八干四維十二支、舉無有吉凶之當論乎。曰、何爲其然也。我正謂八干四維十二支皆分屬乎卦氣、夫卦氣吉凶之有辨、蓋灼灼矣。而特非淨陽淨陰、雙山三合生旺墓之云云也。乃若青囊正理、方位之辨實有之。其祕者不敢宣洩。姑就玉尺之文以概舉之。玉尺所畏者曰乙辰、曰寅甲。而以青囊言之、乙之與辰、寅之與甲、相去不啻千萬里也。有時此吉而彼凶、有時此凶而彼吉者矣。所最羨者曰巽巳丙。而以青囊言之、巽巳之與丙相去、亦不啻千萬里也。有時此吉而彼凶、有時此凶而彼吉者矣。所最欲分別而不使之混者、曰丙午丁、曰乾亥、曰甲卯乙、曰辰巽曰丑艮寅。而以靑囊言之、午之與丙丁、亥之與乾、卯之與甲乙、巽之與辰丑、寅之與艮、所爭不過尺寸之間而已。有時而吉、則必與之俱吉。有時而凶、則必與之俱凶矣。今乃於其當辨而不可不辨者、如黃精之與句吻、附子之與烏頭、一誤用之而足以入口傷生者、反置之不辨。於其易辨而可以不辨者、如白粱之與黑秬異色而皆可以養人。堇之與鳩異類而皆可以殺人者、屑屑焉悉舉而辨之。彼自以爲智。而乃天下之大愚也。且生旺死絕之說、靑囊未嘗不重之。故葬書曰、葬者乘生氣也。卦氣之所謂生、非三合五行之所謂生。卦氣之所謂旺、非三合五行之所謂旺。卦氣之所謂死絕、非三合五行之所謂死絕。且地氣之太生旺不知趨、而區區誤認一干一支之假生旺而求迎之。地氣之大死絕不知避、而區區誤認一干一支之假死絕而思避之。悲夫、所謂雀以一葉障目、而謂彈者之不我見也。以此爲己、適以害己。以此爲人、適以害人而已。故夫玉尺之於地理、猶鄭聲之與雅樂、楊墨之於仁義。一是一非、勢不兩立。實有關於世道之盛衰天地之氣數。竊聞嘉靖以前、其書尚未大顯。至萬歷時、有徐之鏌者、爲之增釋圖局而梓行之。於是江湖行術之徒、莫不手握一編、以求食於世。至今日、而惑於其說者且徧天下也。悖陰陽之正、干天地之和。與僞擾五行、怠棄三正者同其禍患。有聖人者出、而誅非聖之書、於陰陽一家必此書爲之首。嗚呼、此書不破、世運何由而息、水火、生民何由而躋仁壽哉。我拭目望之矣。

平砂玉尺辨僞總括歌

淸姜垚汝皋撰

萬卷堪輿總失眞。平砂玉尺最堪嗔。二劉名姓憑伊冒。豈有當年手澤存。開國伯溫成佐命。嘗將妙訣定乾坤。晚年一篋靑囊祕。盡作天家石室珍。天寶不容人漏洩。忍將隱禍中兒孫。片言隻字無留影。肯借他人齒頰名。秉忠亦是元勳列。敢冒嫌疑著此經。世上江湖行乞者。只貪膚淺好施行。戶誦家傳如至寶。與災釀禍害生民。幸遇我師垂憫救。苦心辨駁著斯文。竊恐愚夫迷不悟。括成俚句好歌吟。願君細察歌中意。莫枉宗陽一片心。天下山山多順水。此是行龍之大體。眞龍發足不隨他。定是轉關星特起。特起之龍變化多。渡水逆行不計里。玉尺開章說順龍。順水直衝爲大旨。水來甲卯兌不收。水來丁午坎不取。必要隨流到合襟。直瀉直奔名漏髓。全無眞息蔭龍胎。山穴平陽皆失軌。勸君莫聽此胡言。誤向順流探脈理。八方位位有眞龍。爻象干支總一同。山脈陰陽分兩界。此是天然造化工。陽脈出身陽到底。陰脈出身陰爲宗。從無僞來幷僞落。豈有貴賤分雌雄。若是眞胎成骨相。乾坤辰戌也崢嶸。若是空亡無氣脈。巽辛亥艮盡招凶。品水評砂原一例。三吉六秀有何功。勸君莫聽此胡言。旺相孤虛理不通。五行相生與相剋。此是後天粗糲質、山川妙氣本先天。生不須生剋非剋。木行金地反成材。火入水鄉眞配匹。南離爐冶出眞金。陰陽妙處全須逆。原說五行顚倒顚。庸庸之輩何能識。先天理氣在卦爻。生旺休囚此中出。量山步水總一般。立向收砂非二格。安有長生及官旺。全無墓庫與死絕。卦若旺時路路通。卦若衰時路路塞。有人識得卦興衰。眼前盡是黃金陌。納甲本是卦中玄。用他配合皆非的。堪笑三合及雙山。玄空生出幷剋出。更有祿馬及赦文。咸池黃泉八曜煞。庸奴只把長生輪。誤盡天涯聰慧客。勸君莫聽此胡言。五行更覓眞消息、雌雄交媾大陰陽。月窟天根卦內藏。此是乾坤造化本。會時便號法中王。楊公說個團團轉。一左一右兩分張。明明指出夫和婦。有個單時便是雙。二十四山雙雙起。八卦之中定短長。豈料庸奴多錯解。干支字上去商量。誤起長生分兩局。會同墓庫到其鄉。未曾曉得眞交媾。那裏懷胎喚父孃。我卽汝言來教汝。陰陽指氣不指方。甲庚丙壬是陽位。有時占陰不喚陽。乙辛丁癸是陰位。有時占陽卽喚陽。陰陽亦在干支上。不用排來死煞方。眼前夫婦不識得。却將寡婦守空房。勸君莫聽此胡言。玄竅相通別主張。四大水口歸其位。此是卦之眞匹配。如何說到墓庫方。左旋右旋來傅會。四水四卦逐元輪。一元一卦乘旺氣。周流八卦逐時新。會者楊公再出世。今將墓合作歸源。失運失元迎煞氣。勸君莫聽此胡言。陽差陰錯非斯義。公位亦自卦中來。長少中男各有胎。不論干支并龍脈。如何亦取三合推。胎養生沐乃云長。仲子冠臨及旺衰。少子病死并墓絕。若然多子作何排。世人信此爭房分。停喪不葬冷爲灰。更起陰謀相賊害。傷倫蔑理召天災。陷人不孝并不睦。此卷僞書作禍胎。我願今人只求地。得地安親大本培。親安衆子皆蒙慶。休把分房去亂猜。試看閥閱諸名墓。一祖枝枝產衆材。分房蓋爲分陽宅。莫論偏苛到夜臺。平砂一卷何人作。註解翩翩尤醜惡。添圖添局死規模。強把山川牢束縛。從謙失却布衣宗。之鏷直是追魂鑿。嘉隆以上無此書。萬歷中年方蹼朔。從此家家無好墳。迄今徧地成蕭索。焉得將書付祖龍。免使蒼生遭荼毒。

地理指要論 附共三篇

論地理三才龍穴

許錦灝曰、夫地理者、古之科學也。因此道能奪天地之造化。爲此隱祕其說。非有德者不傳。今將天地人三才而論。所謂在天成象、在地成形。在人得天地之氣而生、所以人爲一小天地。天有星辰、地有山川。人有骨血。天有經緯。地有絡脈、人有筋脈。天有四垣、地有四勢。人臨四面、天轉北斗、地蘊穴心、人具天根月窟。人無此竅、不能生育。地無穴心、不能臨制四方。天無北斗不能運轉四時。故北斗喻穴心、猶人之有眞宰也。夫龍脈者、豈地下眞有活龍。不過其脈變化無窮、而謂之龍脈。龍脈能大能小、能曲能直、能隱能顯、能伏能起。大而爲山、小而如絲。須先識得五星變化、龍脈隱顯、穿河渡水、遇峽束咽、迎送胎伏、形住氣育、雌雄交媾、砂水有情、以及青龍白虎朱雀玄武官鬼禽曜水口明堂、合成八卦。

再察中五穴情、乘金相水、穴土印木、蝦鬚蟹眼、壬癸二水。又將理氣配合之、則萬無一失矣。辨正云、有人識得那些子、萬卷青囊付祖龍。然當今之世、知其妙者。其人實希。亦是世道氣運衰弱之故耳。地理云者、本在情理之中。非出於情理之外也。若不合於理、均爲僞法耳。不可不愼之又愼也。前賢所謂爲人子者不可不知醫與地理。地理比醫更甚。恐遇僞法、將父母駭骨葬於無脈無氣之地、而受風蟻燥濕之患。根本壞、枝葉豈能茂盛。體魄不安、生人亦豈能安哉。曰後退敗絕嗣、皆由此也。子曰、爲政以德、譬如北辰、居其所而衆星拱之。可假之以識那些子之要矣。

論風水之陰陽

許錦灝曰、風水二物者、卽天地陰陽二氣也。此二氣、均是行氣之長。風屬陽、然陽中藏陰。水屬陰、然陰中含陽。風爲陽、而中有冷性。水爲陰、而中含熱氣。風能散氣。以陽中有陰、故乘則能散。水能界氣。以陰中有陽、故界則能止。以類相引之故耳。論山水則山屬陰、水屬陽。山爲骨、水爲血。山主靜、水主動。然山非淨陰、而陰中有陽焉。水非淨陽、而陽中有陰焉。故山雖靜、動則化機出。水雖動、靜則亦化機出。設果淨陰淨陽、則皆無化育。所謂淨陽不生、獨陰不育。此萬物之常理也。山水有幹有枝、與草木之體相似。而根、而幹、而枝、而開花結菓。其花之蕊菓之核、卽可察中五之玄妙。其瓣其蔕其皮其殼、無不包裹、無不護衛。此亦天地之大理也。然論地之大小、須察龍之根源脈絡、與砂水之護衛關攔。譬如京都有京都之氣象堂局、郡縣有郡縣之氣象堂局。而其理則一也。善觀地者、須識正幹傍枝、陰陽背面、開幛穿心、起頂落脈、而後再及穴情之窩鉗乳凸。然正穴反結怪醜、傍穴反結美麗。此乃天道之造化、猶之婦女貌醜而有淑德也。此種穴場、非有德者不居。人往往喜美麗而葬花穴。其怪醜之穴、非眞知龍法者、不願遷葬。然山地畏風。須要藏風。藏風而包裹有情。平洋喜水、須要環水、環水而屈曲有情。要在山水相稱。所謂山爲骨、水爲血、卽是陰陽二龍。骨之行龍、與血之行龍、而穴均結於土者。土卽其肉也。總之能識陰陽交媾、中五穴情難於逃遁。子曰、致中和、天地位焉、萬物育焉。可喻此也。夫平洋之地、以水爲龍、須要大水收入小水。幹枝二水、界割分明。壬癸二水、一生一成、一顛一倒、一雌一雄、一經一緯、交互有情。到頭要分水土金三星。最忌木火二星。不用砂關、自然發福久長。先輩謂倒地星辰豎起看。尙難作正論也。

論大水口少祖落脈

許錦灝曰、看地須先察水口。有水口而後有地。如人之下部、須要關鎖緊密。切勿取直流直奔。然後再尋龍身出脈止氣。如將結穴頑氣脫盡、必有小明堂、外城圈、或陰來陽受、或陽來陰作、四面山水精神、必團結於此。而砂水有情相向。

或結山麓者、後托前朝。左右龍虎。面面相向、無一風之透隙、無一水之冲射、無一山之無情。其穴則或結山頂、或結底處、怪形頗多。然並非怪穴。不過如人之醜妍、使庸俗之人難於測識。然龍之到頭止氣、精神均聚於此或如閨中美女、或如鶴立雞羣、或如尊居帝座、或如穴居花蕊。所謂山川之精靈、天地之秀氣、山水之交媾。在玄空之中、無一定之處。故名之曰玄空也。須目巧心靈方能進門。更要有眞師指點。否則枉費精神。再者龍身背面、務要分淸。如人身之背面一式、而正穴如人身之天根月窟。如不識背面、在鬼上求穴。葬之必受其禍矣。地之枝幹、若樹之幹枝也。老幹之上、豈能開花結果。故結地均在嫩枝也。然又要細察正傍。凡正結之龍身、必護衛迎送、水口周密。高山挺立、如北辰居其所而衆星拱之。看出脈亦要留心。但正脈隱微細軟活靈而結大地者、決勿顯露。其脈粗硬死頑顯露者、反不結也。夫山地必起頂而後出脈。須要有情有勢、迎送護帶、過峽束咽、雌雄胎伏、到頭宛是鷄見蛇、船泊岸、情意相孚、金魚蟬翼不明堂、色色兼全、非人力所能造作。方爲吉地。大忌出脈透頂飽面、形如鷄爪、死鰍死鱔。必不結地。水木形結山麓者多。水土金形出洋者多。惟火形出洋、非比土金。務要穿河渡水、將暴烈之性脫卸淨盡、方可結穴。否則出人暴頑、而有大禍。火星近穴、更爲不宜也。來龍五行居全、所出之人必五德俱備。自老祖至結穴。最妙順生。逆克亦佳。切忌順剋。順剋者、决勿結穴。五行造化、在人慧悟。不可執一而不化也。龍身落脈、平地或顯或露。不出五里之遙、必有穴結。楊公云、前頭走到五里山、看見賓主相交接。卽是此意。務要放寬眼界。切勿坐井觀天。若如正眞大地、而隔水迎送、水口在數十里之遙、前案後樂亦遠。所謂百里來龍百里案、千里來龍千里案。送龍之水、亦數百里到此瀦聚。山水交互者也。

覺迷子釋義既竟、喟然歎曰、甚矣、夫葬親不可以不順乎山情水意也。昔宋司馬文正公光葬論、自述其葬太尉公之事云、昔者吾諸祖之葬也、家甚貧。不能具棺槨。自太尉公而下始有棺槨。將葬太尉公。族人皆曰、葬者家之大事。奈何不信陰陽。此必不可。吾兄伯康無如之何。乃曰詢於陰陽則可矣。安得良葬師而詢之。族人曰、近村有張生者、良師也。數縣皆用之、兄乃召張生、許以錢二萬。張生野夫也。世爲葬師。爲野人葬、不過千錢。聞之大喜。兄曰、汝能用吾言、俾爾葬。不用吾言、將求他師。張生曰唯命是聽。於是兄自以己意處歲月時日、及壙之淺深廣狹、道路所從出、皆取便於事者。使張生以葬書緣飾之。曰大吉。以示族人、皆悅、無違異者。今吾兄年七十九、以列卿致仕。吾年六十、忝備侍從。宗族之從仕者二十有三人。視他人之謹用葬書、未必勝吾家也。前年吾妻死、棺成而斂、裝辦而行、壙成而葬、未嘗一言詢陰陽家。迄今亦無他故。今茲論、庶俾後之子孫葬必以時、欲知葬具之不必厚、視吾祖。欲知葬書之不足信、視吾家。元豐七年正月日具官司馬光述。夫葬不必厚、誠可如公之論。而葬法之不順陰陽、不可以公爲法也。不然以公之忠信仁德、宜世世尊榮。何致公歿之後子孫皆早殀、司馬氏公之一支竟絕嗣哉。明之張居正葬地論、其立言之堅決、更甚於公、身歿之後、禍卽隨之。相業之隆如二公、凶禍且不能免。況其下焉者耶。元吳文正公澄贈朱順甫序云、葬師之說、盛於南方。郭氏葬書者、其術之祖也。蓋必原其脈絡之所從來、審其地形之所止聚。有水則界之、無風以散之。然後能乘地中之生氣、以養死者之骸骨、俾常溫煖而不速朽。死者之體魄安、則子孫之受其氣以生者、不致凋瘁、乃理之自然。而非有心於覬其效之必然也。若曰某地可公可侯、可將可相、則術者倡是說以愚世之人、而要重賂焉者也。其言豈足信哉。蓋公嘗將葬經分篇、地輿之形勢已多研究、故不如司馬公主張任己意矣。善夫陸道威世儀氏之說也。江君遴問風水之說理有之乎。曰山水是天地骨血。其迴合會聚處、自有眞穴。所以古人建都必擇善地。然人子葬親、又自有說。擇地次也。其要在於立心。立心欲親之體魄安、不至有水泉螻蟻之患。此天地之至情也。如是者、得善地而富貴應之。立心爲求富貴、或停柩不葬、或欺盜侵奪。此人之惡念也。如是者、雖得善地而富貴不應焉。譬之種植。人心則種子之善否也。風水則土地之肥磽也。種子善、雖瘠土未嘗不生。種子不善、雖極肥之土、未有種草而得苙、種稗而得穀者。所以儒者重心術、不重風水。陸先生於學無不通、故其說更勝於吳草廬也。大抵此術人人所當留心。得法與否、得地與否、一賦諸天。一委之命。未可強也。心術善、非特人子而已。卽葬其地之先人亦必平日存心善而後可以與子孫心心相感應。

如司馬公賢相也。故雖終必絕嗣。而其子賢、其孫又賢。史冊美之、名賢著述、亦每稱其子若孫。天之報施賢人、不可謂不厚也。若他人爲之、不旋踵而大凶至矣。人之一身、生則與人競爭。死則安能保無遷變。高岸爲谷、深谷爲陵。未來之事不能以人力防制也。諺云、肺腑而能語、醫師面如土。山川而能語、地師定餓死。欲藉風水術而覓食者、造物必以酷報報之。不特僞法然、即眞得其祕者、亦不可爲不善人葬吉地而代人受禍也。吾之述此書。待孝子慈孫之鑒別。而非爲一般愚地師覓食。中有妙訣、在讀者心領神會、未可以語言文字傳也。癸亥孟春之吉許錦灝瀚初識

許氏地理辨正釋義終

定價大洋壹圓貳角
不折不扣　郵費在內

著作人　無錫許錦灝

版本　無錫致和堂

發行處　無錫城中鳳光橋南首許宅

印刷處　無錫美文印刷公司